···· 공부습관을 잡으면 **성적과 학습능력**은 저절로 올라간다!

자기 분야에서 눈에 띄는 성과를 이루어 낸 많은 사람들은 한 목소리로 좋은 습관이 성공의 열쇠였다고 말합니다. 공부도 마찬가지입니다. 자신의 페이스를 꾸준히 유지하며 공부하는 습관을 들인다면 학습능력과 성적은 저절로 따라 올라갑니다.

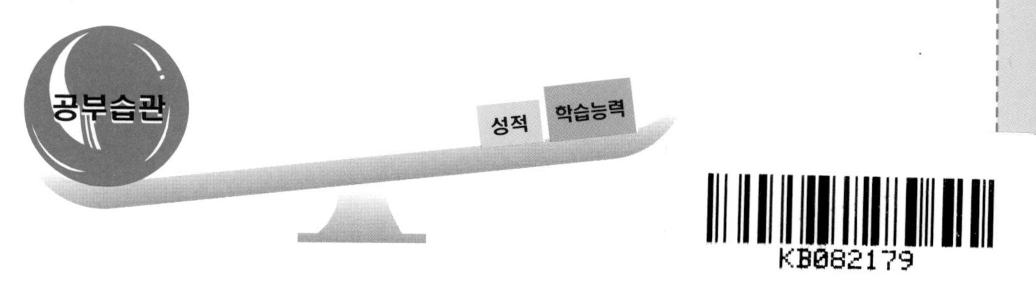

···· **올바른 공부습관**이 없다면 학습능력은 사상누각!

본격적인 학교 공부를 시작하는 시기인 초등학교. 바로 이때 공부습관을 제대로 잡아 주는 것이 무엇보다 중요합니다. 이때 형성된 공부습관이 이후 중 · 고등학교에서의 학업 성취도를 좌우하기 때문입니다.

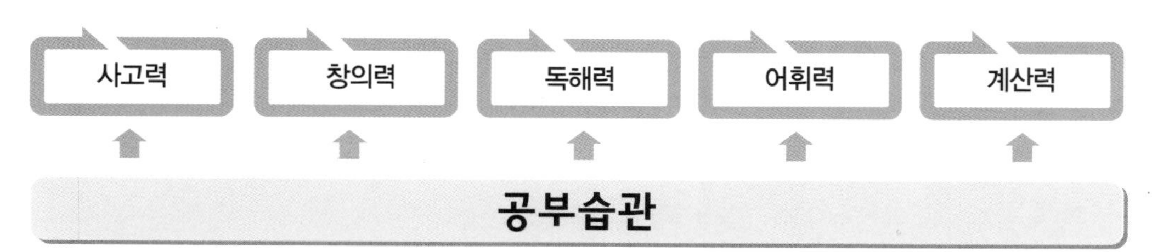

···· **'워밍업 → 해결전략연습 → 의욕충전'**의 3단계 학습법

본격적인 운동을 하기 전에 준비운동으로 몸을 풀면, 더욱 안전하고 효과적인 운동을 할 수 있습니다. 공부를 시작하기 전에도, 먼저 두뇌를 공부할 수 있는 상태로 풀어 주어야 더욱 효율적인 공부를 할 수 있습니다. 공습에서는 준비운동을 통해 두뇌를 공부 모드로 바꿔 준 다음, 해결전략을 연습하는 문제를 풉니다. 그리고 공부 의욕을 높이는 짤막한 글로 마무리하여 학교 · 학원 공부를 더욱 충실히 수행할 수 있도록 합니다.

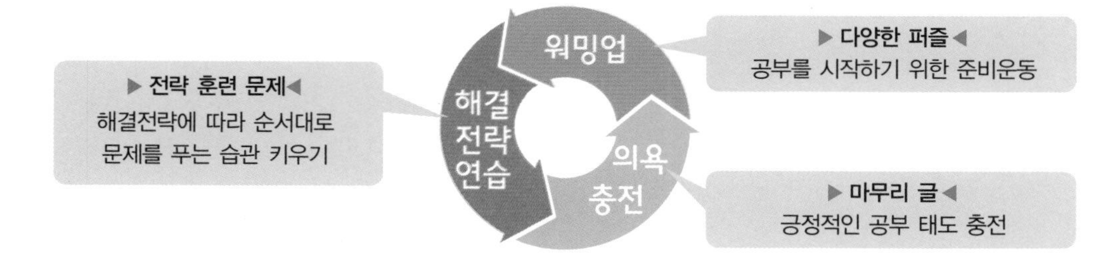

"공습으로 잡는 3대 공부습관"

···· 첫째, 스스로 공부하는 습관

잔소리를 해서 공부를 시키는 부모와 잔소리 때문에 억지로 공부하는 아이, 모두 스트레스를 받습니다. 그러나 억지로 하는 공부는 오히려 아이에게 공부에 대한 반감만 일으킬 뿐입니다. 일단 아이의 공부 부담부터 줄여 주세요. 남들 한다고 따라서 이것저것 아이에게 시키지 마세요. 이 시기에는 하루하루 꾸준히 스스로 공부하는 습관을 잡아 주는 것만으로도 충분합니다.

공습은 하루 10분, 부담 없이 재미있게 공부할 수 있습니다. 아이와 하루 10분 공습 공부를 약속하고 지켜 보세요. 시키지 않아도 스스로 공부하는 아이를 만날 수 있을 것입니다.

···· 둘째, 차례차례 문제를 해결하는 습관

긴 글만 보면 괜히 주눅이 들어서 자기가 가지고 있는 실력을 100퍼센트 발휘하지 못하는 아이들이 많습니다. 이것은 무엇보다 문제의 핵심이 무엇인지 파악하는 훈련이 되어 있지 않기 때문입니다. 학년이 올라갈수록 문제를 분석하여 해결 방법을 찾는 능력이 많이 요구됩니다. 초등학교 때부터 차례차례 문제를 해결하는 방법을 훈련하여, 이를 습관으로 만들어야 합니다.

공습은 절차적 문제해결전략을 반복해서 훈련함으로써, 핵심을 잡아내는 공부습관을 만듭니다.

···· 셋째, 꾸준히 공부하는 습관

하루 세 끼 규칙적으로, 알맞은 양을 먹는 것이 건강을 지키는 방법입니다. 공부도 마찬가지입니다. 매일매일 아이가 할 수 있는 양만큼만 꾸준히 공부한다면, 아이는 공부와 시험에 대한 부담을 덜어 내고, 자신의 실력을 차곡차곡 쌓을 수 있습니다. 꾸준히 공부하기 위해서, 우선 아이 스스로가 공부는 할 만한 것이라는 자신감과 재미를 가져야 합니다.

공습은 문제해결전략만 이해하면 누구나 풀 수 있습니다. 따라서 아이는 문제를 풀면서 자신감을 갖게 되고, 이러한 자신감은 공부에 대한 재미로 이어져 꾸준히 공부할 수 있는 습관을 만듭니다.

"공습 훈련 프로그램 - 공습국어 초등어휘"

•••• 어휘 간의 관계를 이해하고 다양하게 활용하는 습관을 잡는다.

영어 공부를 할 때는 영한사전이 아니라 영영사전을 찾아야 실력이 더 빨리 는다고 합니다. 어휘는 상황과 문맥에 따라 그 뜻이 달라지고, 비슷한 뜻의 어휘라도 상황에 알맞게 구별하여 사용해야 하기 때문입니다. 당장 문장을 해석하고 단어를 외울 때에는 단편적인 뜻을 이용하는 것이 더 편하지만 장기적으로 봤을 때 그런 습관은 독이 됩니다. 공습국어 초등어휘는 단순히 어휘의 뜻만을 외우도록 하지 않습니다. 어휘와 어휘 사이의 관계와 다양한 활용 방법을 반복적으로 훈련함으로써 다각도의 어휘 접근 방법을 일깨워 줍니다.

•••• 암기로 버텨 왔던 어휘를 사고력 확장을 이끄는 어휘로

암기를 통해 머릿속에 넣은 어휘로는 그 어휘가 원래 가지고 있는 개념만큼 다양하게 활용할 수 없습니다. 어휘는 변화무쌍하고 용례 또한 다양하기 때문에 어휘에 대한 접근 역시 과학적이고 다양한 방법으로 해야 합니다. 공습국어 초등어휘의 전략을 통해 어휘 간의 관계를 파악하고 어휘의 다양한 쓰임새를 알 수 있습니다. 어휘 간의 관계를 살펴보는 과정에서 자연스럽게 학습할 어휘의 양을 늘리고 질을 높일 수 있습니다. 또한 어떤 어휘를 보더라도 이런 전략들을 적용시키는 습관을 키울 수 있습니다. 공습국어 초등어휘는 어휘 학습뿐 아니라 사고력까지 높여 주는 과학적 프로그램입니다.

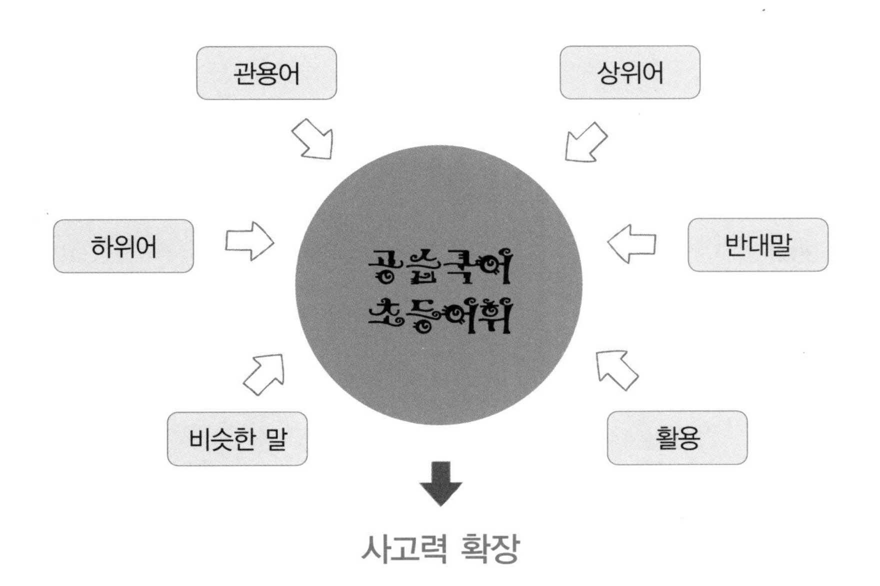

하나 처음 일주일 정도는 아이와 함께 하세요.

공습국어 초등어휘의 어휘 접근 전략을 아이가 이해할 수 있도록 일주일 정도는 아이와 함께 문제를 풀어 보세요. 각각의 전략 단계를 어떻게 풀면 되는지 설명해 주고, 채점을 통해 다시 한번 짚어 줍니다.

둘 매일 1회분씩 꾸준히 하도록 유도하되 강요하지 마세요.

아이에게 공부하라고 말하기 전에, 먼저 공부할 수 있는 환경과 조건을 만들어 주세요. 그리고 아이가 스스로 공부할 때까지 지켜봐 주세요. 또한 하루에 1회분 이상 진도를 나가지 않도록 지도해 주세요. 하루에 2회분 이상의 문제를 푸는 것은 꾸준한 공부 습관 형성에 방해가 될 수 있습니다.

셋 아이의 수준에 맞게 단계별로 선택하세요.

공습국어 초등어휘는 초등학교 교과서에서 뽑은 어휘들과 교과 과정 학습에 도움이 되는 어휘들로 이루어져 있습니다. 특히 요즘 국사의 중요성이 점점 부각되고 있기 때문에, 사회 과목의 경우 국사 영역을 따로 구분하여 어휘 학습을 하도록 구성하였습니다. 교과서를 바탕으로 한 어휘는 무엇보다 먼저, 꼭 알아야 하는 기본 어휘입니다. 또한 학교 수업에서 주로 이용되는 어휘들이기 때문에 천차만별인 아이들의 어휘 수준에 보다 가깝게 접근할 수 있습니다. 공습국어 초등어휘를 공부할 때, 해당 학년에 속하는 단계를 선택하여 학교 공부와의 연계성을 갖고 이해도를 높이는 것도 좋습니다. 그러나 학교 진도를 따라가기 위한 목적으로 무리하게 단계를 선택하지는 마세요. 공습국어 초등어휘는 단기적으로 국어 '성적'을 높이기 위한 교재가 아닙니다. 공습국어 초등어휘의 목적은 국어 '능력'을 높이는 것으로, 이것은 장기간의 훈련과 노력을 필요로 합니다. 아이의 어휘 실력에 맞는 단계를 선택할 때 최고의 효과를 얻을 수 있습니다.

단계	구성	어휘 출제 과목	출제 어휘 수
1 · 2학년	30회	국어, 수학, 과학, 사회, 예체능 영역	매 회 10~15개
3 · 4학년	30회	국어, 수학, 과학, 사회 영역	매 회 10~15개
5 · 6학년	30회	국어, 과학, 사회 영역	매 회 10~15개

넷 걸린 시간과 정답 개수를 꼭 적도록 하세요.

공습국어 초등어휘는 문제마다 걸린 시간과 정답 개수를 적도록 하고 있습니다. 아이들이 문제를 푼 다음, 걸린 시간을 적을 수 있도록 미리 시계를 준비해 주세요. 어휘의 양과 난이도에 따라 도전 시간에 차이를 두었습니다.
욕심이 앞서서 문제 풀이의 속도만 높이려 한다면 오히려 어휘 하나하나에 대해 고민하는 시간을 갖지 못합니다. 얼마나 많은 어휘를 외우느냐는 것은 중요하지 않습니다. 어휘를 통해 사고력까지 키울 수 있도록 여유를 가지세요. 도전 시간을 주고 걸린 시간과 정답 개수를 적게 하는 것은 집중력을 높이고 실력 향상의 재미를 느끼게 하기 위한 장치임을 꼭 기억하세요.

다섯 우리 아이, 이럴 땐 이렇게 하세요.

• 도전 시간 안에, 틀린 답 없이 문제를 풉니다.
뛰어난 어휘 이해 능력을 지녔습니다. 꾸준하게 훈련하면 어휘에 대한 감각이 잡히고 동시에 언어사고력 또한 발달할 것입니다.

• (도전 시간을 기준으로) 걸린 시간은 매우 짧은데, 정답률이 낮습니다.
문제풀이전략을 이해하지 못한 상태에서 건성으로 문제를 푼 것입니다. 문제의 틀을 이해시키고, 한 문제 한 문제 같이 풀어 보는 과정이 필요합니다.

• (도전 시간을 기준으로) 걸린 시간은 길지만, 정답률은 높습니다.
전략에 따른 문제 해결이 아직 익숙하지 않거나, 집중력이 오래 가지 못하는 것입니다. 그럼에도 문제를 꼼꼼하게 풀어낸 아이의 끈기를 칭찬해 주시고, 하루하루 지켜봐 주세요. 그리고 주변 환경을 정리하고 부모가 직접 시간을 재서 아이의 집중력이 흐트러지지 않게끔 도와줍니다.

• (도전 시간을 기준으로) 걸린 시간은 긴데, 정답률이 낮습니다.
문제풀이전략을 이해하지 못한 상태이며, 집중력 또한 떨어지는 것입니다. 옆에서 좀 더 지켜보며 문제 풀이를 다시 설명해 주세요. 주변에서 쉽게 볼 수 있는 사물을 예로 들고, 그 어휘를 그림으로 표현하는 등의 활동을 통해 문제 풀이에 대한 집중력과 재미를 길러 줍니다.

“『공습국어 초등어휘』 구성 한눈에 보기”

공습국어 초등어휘는 공부를 시작하기 위한 준비운동인 「머리 풀어주는 퍼즐」과 본격적인 문제해결전략을 연습하는 「낱말이 쏙 생각이 쑥」(1. 가로세로 낱말 찾기, 2. 낱말 뜻 알기, 3. 비슷한 말 반대말 알기, 4. 큰 말 작은 말 알기, 5. 짝을 이루는 말(관용어) 알기, 6. 낱말 활용하기), 그리고 공부 의욕을 높여 주는 「생각 다지는 글」로 구성되어 있습니다. 아이들의 어휘 수준에 맞게 '낱말'과 '어휘'라는 말을 조정하여 사용하였습니다.

준비운동 – 머리 풀어 주는 퍼즐
다양한 퍼즐을 통해 두뇌를 공부 모드로 전환하고 아울러 창의사고력을 키웁니다.

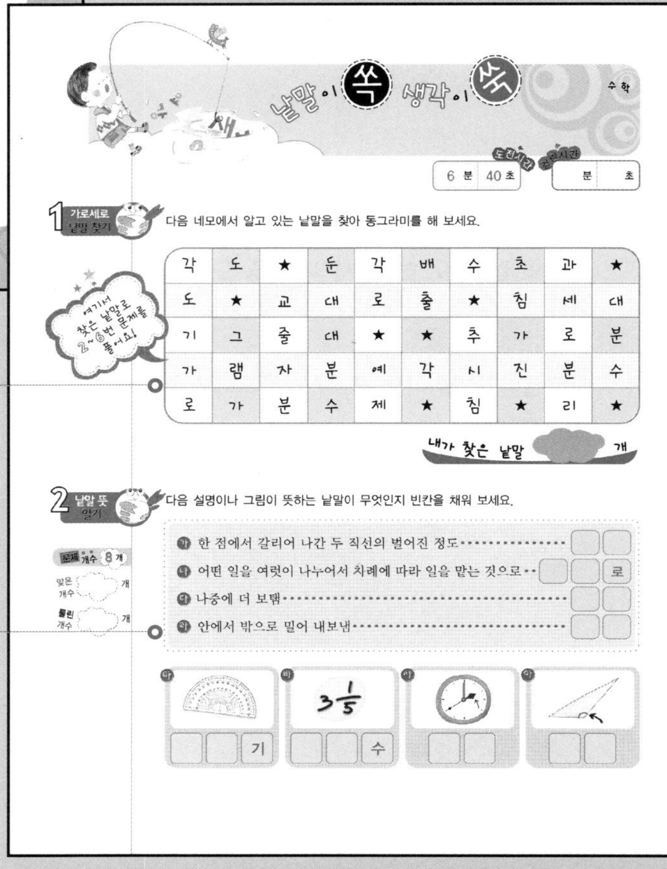

1. 가로세로 낱말 찾기
어휘를 찾아보는 가벼운 몸 풀기 문제입니다. 학습할 어휘와 뜻밖의 조합을 이루는 어휘를 찾으면서 흥미를 느낄 수 있습니다.

2. 낱말 뜻 알기
어휘의 뜻을 찾는 문제입니다. 어렴풋하게는 알지만 정확히 표현하기 어려웠던 어휘의 뜻을 사전적 설명과 그림을 통해 파악할 수 있습니다.

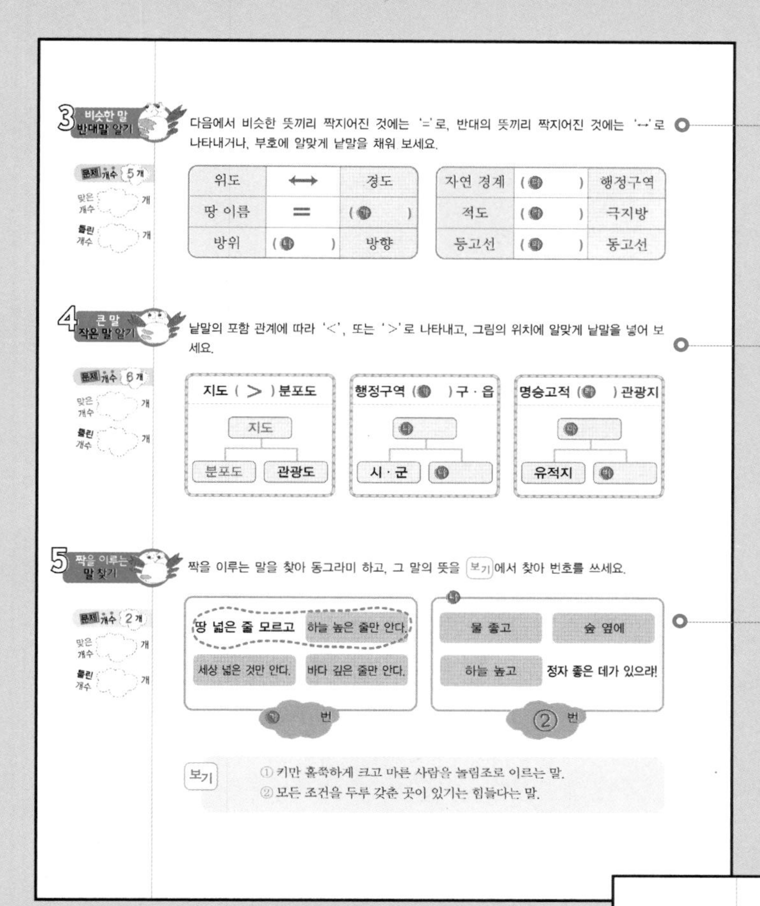

3 비슷한 말 반대말 알기

다음에서 비슷한 뜻끼리 짝지어진 것에는 '='로, 반대의 뜻끼리 짝지어진 것에는 '↔'로 나타내거나, 부호에 알맞게 낱말을 채워 보세요.

문제 개수 5개 / 맞은 개수 ( )개 / 틀린 개수 ( )개

위도	↔	경도
땅 이름	=	(㉮)
방위	(㉯)	방향

자연 경계	(㉰)	행정구역
적도	(㉱)	극지방
등고선	(㉲)	동고선

4 큰 말 작은 말 알기

낱말의 포함 관계에 따라 '<', 또는 '>'로 나타내고, 그림의 위치에 알맞게 낱말을 넣어 보세요.

문제 개수 6개 / 맞은 개수 ( )개 / 틀린 개수 ( )개

지도 (>) 분포도 — 지도 / 분포도, 관광도

행정구역 (㉮) 구·읍 — ㉯ / 시·군, ㉰

명승고적 (㉱) 관광지 — ㉲ / 유적지, ㉳

5 짝을 이루는 말 찾기

짝을 이루는 말을 찾아 동그라미 하고, 그 말의 뜻을 보기에서 찾아 번호를 쓰세요.

문제 개수 2개 / 맞은 개수 ( )개 / 틀린 개수 ( )개

땅 넓은 줄 모르고 / 하늘 높은 줄만 안다. / 세상 넓은 것만 안다. / 바다 깊은 줄만 안다. — ㉮ 번

㉯ 물 좋고 / 숲 옆에 / 하늘 높고 / 정자 좋은 데가 있으랴! — ② 번

보기 ① 키만 훌쭉하게 크고 마른 사람을 놀림조로 이르는 말.
② 모든 조건을 두루 갖춘 곳이 있기는 힘들다는 말.

3. 비슷한 말 반대말 알기

비슷한 말과 반대말을 파악하는 문제입니다. 하나의 어휘에 연결되는 비슷한 말, 반대말까지 자연스럽게 알게 되어, 어휘의 의미를 좀 더 분명하게 알 수 있습니다.

4. 큰 말 작은 말 알기

어휘의 포함 관계를 파악하는 문제입니다. 부등호와 그것을 바탕으로 만들어진 조직도를 통해 어휘 간의 상위 개념과 하위 개념을 구분할 수 있습니다.

5. 짝을 이루는 말(관용어) 찾기

관용어를 찾고 그 뜻을 알아보는 문제입니다. 어휘가 관용적으로 쓰이면 원래의 뜻에 변화가 오기 때문에 어휘의 개념 확장에 대해 이해할 수 있습니다.

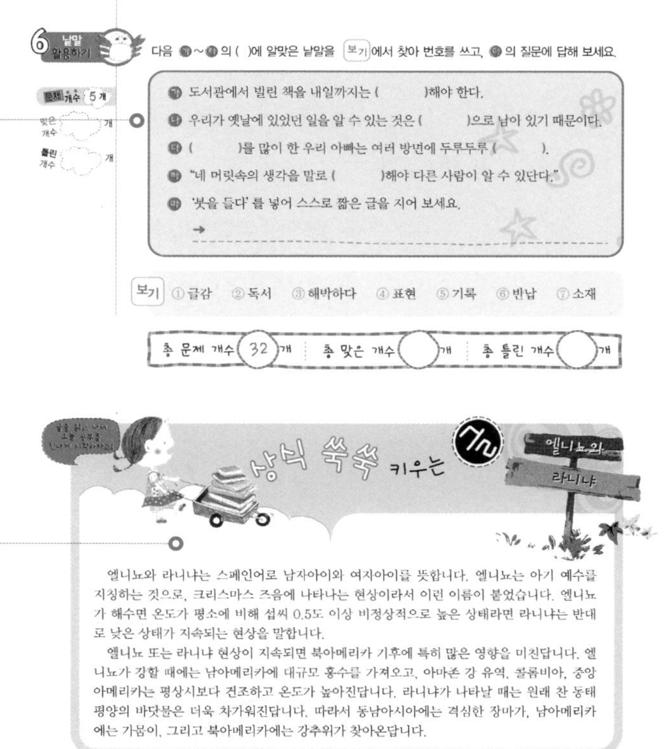

6 낱말 활용하기

다음 ㉮~㉱의 ( )에 알맞은 낱말을 보기에서 찾아 번호를 쓰고, ㉲의 질문에 답해 보세요.

문제 개수 5개 / 맞은 개수 ( )개 / 틀린 개수 ( )개

㉮ 도서관에서 빌린 책을 내일까지는 ( )해야 한다.
㉯ 우리가 옛날에 있었던 일을 알 수 있는 것은 ( )으로 남아 있기 때문이다.
㉰ ( )를 많이 한 우리 아빠는 여러 방면에 두루두루 ( ).
㉱ "네 머릿속의 생각을 말로 ( )해야 다른 사람이 알 수 있단다."
㉲ '붓을 들다'를 넣어 스스로 짧은 글을 지어 보세요.
→

보기 ① 글감 ② 독서 ③ 해박하다 ④ 표현 ⑤ 기록 ⑥ 반납 ⑦ 소재

총 문제 개수 (32)개 | 총 맞은 개수 ( )개 | 총 틀린 개수 ( )개

상식 쑥쑥 키우는 글 — 엘니뇨와 라니냐

엘니뇨와 라니냐는 스페인어로 남자아이와 여자아이를 뜻합니다. 엘니뇨는 아기 예수를 지칭하는 것으로, 크리스마스 즈음에 나타나는 현상이라서 이런 이름이 붙었습니다. 엘니뇨가 해수면 온도가 평소에 비해 섭씨 0.5도 이상 비정상적으로 높은 상태라면 라니냐는 반대로 낮은 상태가 지속되는 현상을 말합니다.

엘니뇨 또는 라니냐 현상이 지속되면 북아메리카 기후에 특히 많은 영향을 미친답니다. 엘니뇨가 강할 때에는 남아메리카에 대규모 홍수를 가져오고, 아마존 강 유역, 콜롬비아, 중앙아메리카는 평상시보다 건조하고 온도가 높아진답니다. 라니냐가 나타날 때는 원래 찬 동태평양의 바닷물은 더욱 차가워진답니다. 따라서 동남아시아에는 격심한 장마가, 남아메리카에는 가뭄이, 그리고 북아메리카에는 강추위가 찾아온답니다.

6. 낱말 활용하기

학습한 어휘가 실제 문장이나 생활에서 활용되는 것을 보여 주는 문제입니다. 문맥을 파악하고 상황을 연상하는 능력을 키울 수 있습니다.

마무리 – 생각 다지는 글

공부에 도움이 되는 이야기, 좋은 생활 습관을 다지는 이야기 등 부모가 아이에게 해 주고 싶은 이야기를 다양하게 싣고 있습니다.

“『공습국어 초등어휘』 풀이 방법 보기”

1. 가로 세로 낱말 찾기

다음 네모에서 알고 있는 낱말을 찾아 동그라미를 해 보세요.

명	절	다	리	밟	기	땡	오	장	★
★	한	탈	춤	윷	★	감	곡	작	보
대	식	조	★	놀	민	요	밥	★	릿
보	★	동	지	이	속	판	소	리	고
름	더	위	팔	기	아	궁	이	★	개

내가 찾은 낱말 16 개

가로 혹은 세로에 숨어 있는 어휘를 찾아 동그라미로 묶습니다. 한 글자씩 겹치기도 합니다. ‘윷놀이’와 ‘더위팔기’의 끝 글자들이 ‘이기’라는 조금 생소한 글자를 만들기도 하고, 또 ‘다리’와 ‘밟기’처럼 각자의 뜻을 가지고 있는 어휘들이 ‘다리밟기’라는 하나의 뜻을 만들기도 합니다. 그래서 학습자의 수준에 따라 주어진 글자로 만들 수 있는 어휘의 개수가 달라집니다. 어떤 아이는 ‘동위’처럼 잘 쓰이지 않는 어휘를 찾을 것이고, 더러 호기심이 많은 아이는 ‘판궁’처럼 뜻이 없는 어휘를 찾아 그 뜻을 궁금해 할 것입니다.

찾은 어휘를 세어 개수를 표시합니다. 해설지에 표시된 어휘보다 더 많이 찾을 수도 있고 적게 찾을 수도 있습니다. 찾은 개수는 그다지 중요하지 않습니다. 그러나 해설지에 표시된 어휘는 교과서에서 뽑은 기본 어휘입니다. 곧 문제를 풀기 위해 기본적으로 필요한 어휘이므로 많이 찾지 못했을 경우에는 아이에게 조금 더 시간을 주세요. 그리고 아이와 함께 누가 빨리 어휘를 찾아내는지 게임을 하며 아이의 흥미를 높여 주세요.

2. 낱말 뜻 알기

다음 설명이나 그림이 뜻하는 낱말이 무엇인지 빈칸을 채워 보세요.

- ㉮ 곡식은 떨어지고 보리는 여물지 않아 먹을 것이 없는 때 ·· 보 릿 고 개
- ㉯ 설날이나 추석처럼 해마다 일정하게 지키어 즐기거나 기념하는 때 ··· 명 절
- ㉰ 일 년 중 낮이 가장 짧고 밤이 가장 긴 절기 ················ 동 지
- ㉱ 일반 백성들 사이에 내려오는 풍속 등 문화를 통틀어 이르는 말 · 민 속

〈1. 가로세로 낱말 찾기〉에서 찾은 어휘 중, 설명과 그림이 가리키는 어휘를 찾아 빈칸에 써 넣습니다.

3. 비슷한 말 반대말 알기

다음에서 비슷한 뜻끼리 짝지어진 것에는 '=' 로, 반대의 뜻끼리 짝지어진 것에는 '↔' 로 나타내거나, 부호에 알맞게 낱말을 채워 보세요.

장작	(㉮ =)	땔감
하지	↔	(㉯ 동지)
아궁이	(㉰ =)	불구멍

민속	(㉱ ↔)	현대
판소리	(㉲ ↔)	대중가요
대보름달	↔	초승달

비슷한 말끼리 짝을 지은 것에는 '같다' 를 뜻하는 '=' 표시를, 반대말끼리 짝을 지은 것에는 '다르다' 를 뜻하는 '↔' 표시를 합니다. 그리고 낱말 부분이 빈칸인 것에는 제시된 어휘와 비슷한, 혹은 반대의 뜻을 지닌 어휘를 써 넣습니다. '장작' 과 '땔감' 은 비슷한 뜻이니 ㉮에는 '=' 를 넣고, '민속' 과 '현대' 는 반대의 뜻이니 ㉱에는 '↔' 를 넣습니다. 또 '하지' 와 반대의 뜻을 가지고 있는 말을 〈1. 가로세로 낱말 찾기〉에서 찾으면 '동지' 가 가장 적당하므로, ㉯에는 '동지' 를 써 넣습니다.

4. 큰 말 작은 말 알기

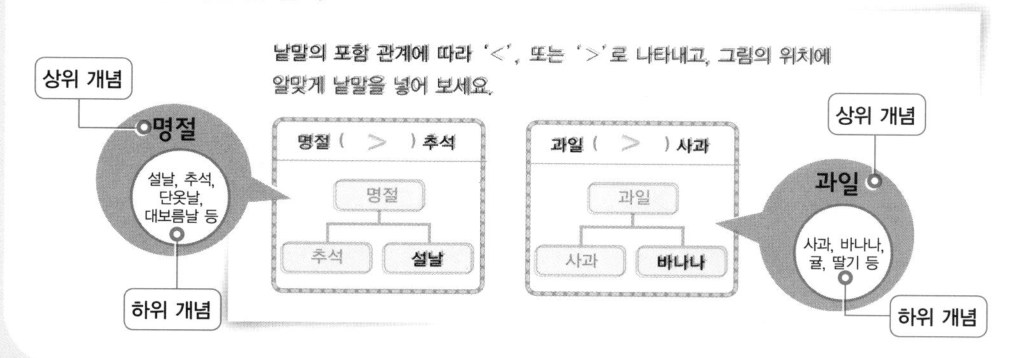

'추석' 이나 '설날' 은 해마다 기념하는 날들로 이들을 아울러 '명절' 이라고 부릅니다. 곧 명절은 명절의 예들을 모두 포함하는 상위 개념이고, '추석', '설' 등은 명절에 포함되는 하위 개념임을 알 수 있습니다. 포함 관계를 부등호로 나타내며, 더 범위가 큰 쪽에 부등호를 향하게 합니다. 조직도에는 상위 개념이 위의 칸에, 하위 개념이 아래 칸에 들어갑니다.

벤다이어그램을 보면 어휘의 포함 관계를 더욱 쉽게 알 수 있습니다. 우선 아이들에게는 쉬운 예를 들어 설명해 주세요. '사과', '바나나', '과일' 이라는 어휘가 있다면 사과와 바나나는 과일의 한 종류로 '과일' 에 속합니다. 부등호는 '과일' 쪽으로 향하며, 조직도 위의 칸에는 '과일' 이, 아래 칸에는 '사과' 와 '바나나' 가 자리합니다.

5. 짝을 이루는 말(관용어) 찾기

짝을 이루는 말을 찾아 동그라미 하고, 그 말의 뜻을 보기에서 찾아 번호를 쓰세요.

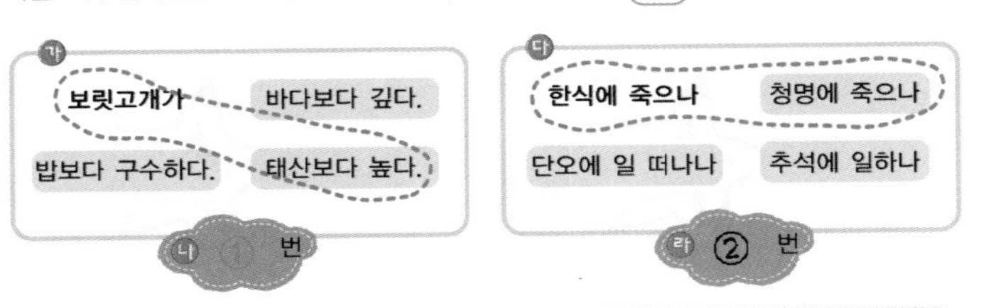

보기 ① 농사지은 식량으로 보리가 날 때까지 견디기가 매우 힘들다.
② 하루 먼저 죽으나 뒤에 죽으나 같다.

관용어를 이루는 어휘의 짝을 찾아 동그라미로 묶습니다. 그리고 그것들이 짝을 이루어 나타내는 뜻을 [보기]에서 찾아 그 뜻에 해당하는 번호를 빈칸에 써 넣습니다. 앞서 학습한 어휘가 들어가는 말을 최대한 이용하였고, 뜻이나 상황에서 관련성을 갖는 어휘도 이용하였습니다.

6. 낱말 활용하기

다음 가~라의 ( )에 알맞은 낱말을 보기에서 찾아 번호를 쓰고, 마의 질문에 답해 보세요.

가 정월 대보름날 (⑤)은/는 한여름 더위를 미리 다른 이에게 파는 놀이이다.
나 예전에는 산에서 나무를 해다가 (④)(으)로 사용하였다.
다 춘향가, 심청가 등의 (⑥)은/는 우리에게는 동화로 더 유명하다.
라 우리나라는 밤이 긴 (②)에 팥죽을 쑤어 먹는 풍습이 있다.
마 '보릿고개'를 넣어 짧은 글을 지어 보세요.
→ 겨울이 지나고 보릿고개가 코앞에 닥쳤다.

보기 ① 윷놀이 ② 동지 ③ 민속 ④ 땔감 ⑤ 더위팔기 ⑥ 판소리 ⑦ 보릿고개

학습한 어휘가 실제로 어떻게 활용되는지 보여주는 문제입니다. 앞뒤의 문맥을 보고 적합한 어휘를 선정하여 문장을 완성합니다. 그리고 짧은 글짓기를 하거나 그 말이 사용되는 상황을 연상해 보며 언어사고력을 확장시킵니다.

차례

Contents

공습을 시작하며...

• • • • 매일 매일 즐거운 마음으로 공습국어 초등어휘 1회부터 30회까지 꾸준히 풀어 보세요. 자, 준비됐나요? 그럼 신나게 시작해 보세요!

머리 풀어주는 퍼즐

도전 시간		걸린 시간	
00 분	25 초	분	초

창의사고력 기초 다지기 주의집중력 쑥~

화살표를 따라가면서 별이 몇 개 있는지 세어 보세요.

출발

개

도전시간 8 분 00 초 | 걸린시간 분 초

1 가로세로 낱말 찾기

다음 네모에서 알고 있는 낱말을 찾아 동그라미를 해 보세요.

거	미	줄	정	성	껏
미	느	릿	느	릿	★
가	운	데	가	도	끼
한	복	판	볍	깨	중
★	감	기	다	비	앙

내가 찾은 낱말 개

2 낱말 뜻 알기

다음 설명이나 그림이 뜻하는 낱말이 무엇인지 빈칸을 채워 보세요.

㉮ 동작이 재지 못하고 매우 느린 모양 ············ [ ][릿][ ][릿]

㉯ 있는 정성을 다하여, 또는 정성이 미치는 데까지 ········ [ ][ ][ ]

㉰ 옷 따위가 몸을 감듯 달라붙거나 음식 따위가 맛있게 입에 달라붙다 ············ [ ][ ][다]

㉱ 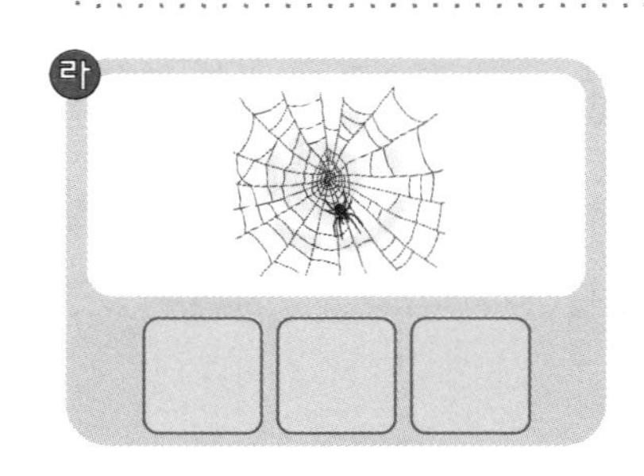 [ ][ ][ ]

㉲  [ ][ ][ ]

㉳ 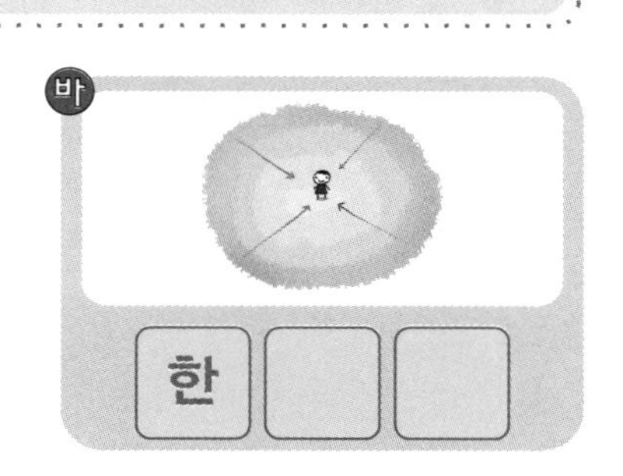 [한][ ][ ]

3 비슷한 말 반대말 알기

문제 개수 3 개

맞은 개수 개

틀린 개수 개

다음에서 비슷한 뜻끼리 짝지어진 것에는 '='로, 반대의 뜻끼리 짝지어진 것에는 '↔'로 나타내거나, 부호에 알맞게 낱말을 채워 보세요.

가운데	=	한복판
가볍다	(가)	무겁다

정성껏	(나)	대충
감기다	(다)	풀리다

4 큰 말 작은 말 알기

낱말의 포함 관계에 따라 '<', 또는 '>'로 나타내고, 그림의 위치에 알맞게 낱말을 넣어 보세요.

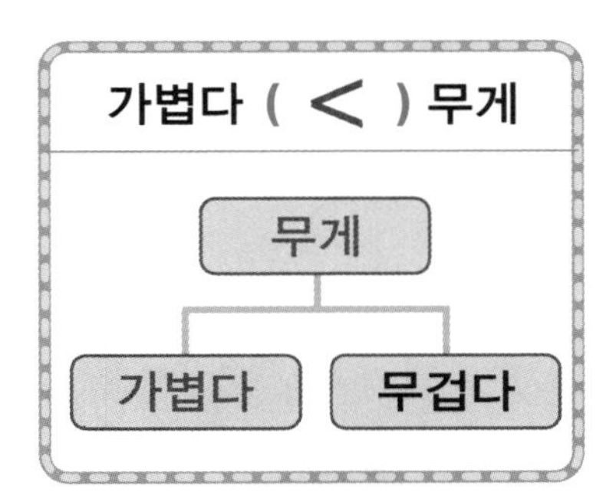

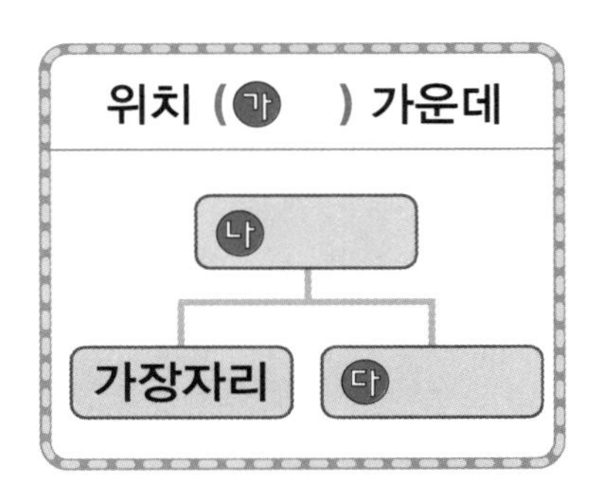

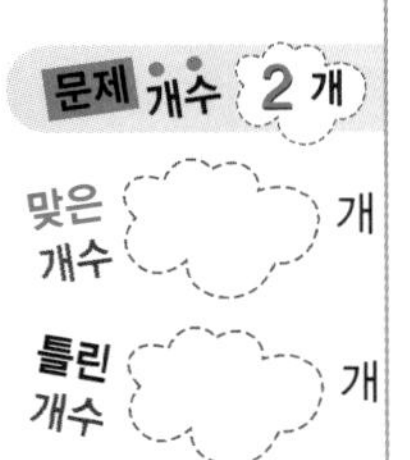

짝을 이루는 말을 찾아 동그라미 하고, 그 말의 뜻을 보기에서 찾아 번호를 쓰세요.

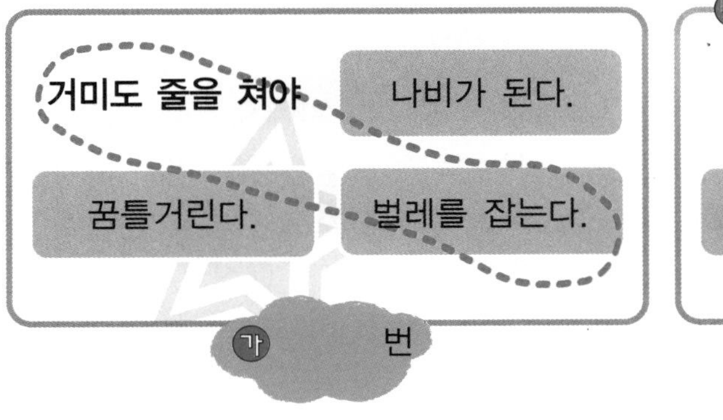

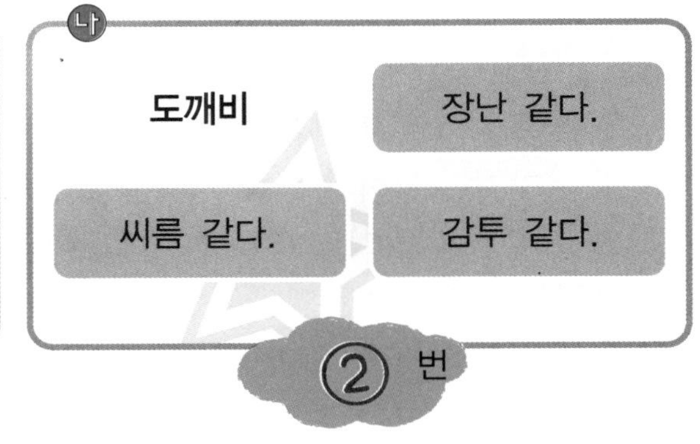

보기

① 무슨 일이든지 준비가 있어야 그 결과를 얻을 수 있다.

② 하는 짓이 분명하지 않아서 갈피를 잡을 수 없다.

다음 ㉮~㉱의 ( )에 알맞은 낱말을 보기에서 찾아 번호를 쓰고, ㉲의 질문에 답해 보세요.

문제 개수 4 개

맞은 개수 ( ) 개

틀린 개수 ( ) 개

㉮ 토끼는 깡충깡충, 거북이는 (①) 걸어간다.

㉯ 운동장 ( ) 에서 아이들이 씨름을 하고 있다.

㉰ 엄마는 ( ) 마련한 음식을 경로당의 할아버지와 할머니께 갖다 드렸다.

㉱ 원래 우리나라 ( ) 는 뿔이 하나인데 요즘은 두 개를 그리기도 한다.

㉲ '부처님 가운데 토막' 은 어떤 경우에 쓰이는 말인지 써 보세요.

➜

보기 ① 느릿느릿 ② 정성껏 ③ 감기다 ④ 한복판 ⑤ 도깨비 ⑥ 가볍다

총 문제 개수 (18) 개 | 총 맞은 개수 ( ) 개 | 총 틀린 개수 ( ) 개

가족은 나무에 비유할 수 있어요. 나는 나무 끝의 작은 가지예요. 이 잔가지가 붙어 있는 굵은 가지는 아빠와 엄마 가지쯤 되지요. 이 가지는 조금 더 굵은 할아버지 가지에 붙어 있고요. 이렇게 따라가면 나무둥치를 만나고 뿌리까지 이어져요.

나무는 뿌리에서 빨아올린 영양분과 물로 꽃을 피우고 열매를 맺어요. 마찬가지로 나도 아주 오래전 할머니, 할아버지의 뿌리에서 시작된 양분을 먹고 이렇게 자라고 있지요.

나무의 어느 한 곳이 병든다면 어떻게 될까요? 나무는 다 연결되어 있어서 결국 나무 전체가 죽게 된답니다. 가족 중 하나가 아프면, 가족 전체가 고통을 받게 된답니다. 소중한 가족을 위해 내 몸과 마음을 사랑하는 것이 중요하답니다.

머리 풀어주는 퍼즐

도전 시간	
00 분	15 초

걸린 시간	
분	초

창의사고력 기초 다지기 연상추리력 쑥~

그림을 완성하기 위해 들어가야 할 조각을 찾아보세요.

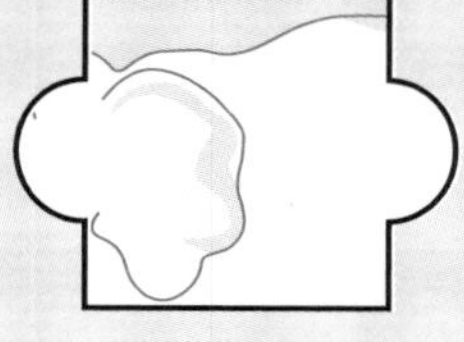

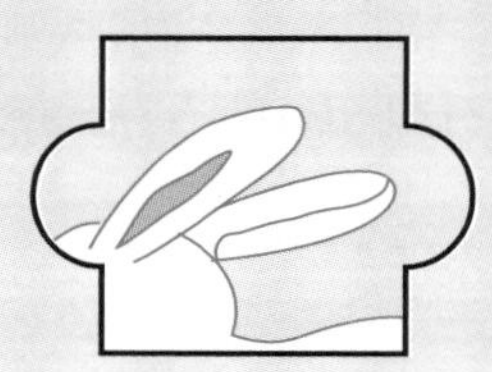

③

④

도전시간 9 분 00 초 / 걸린시간 분 초

1 가로세로 낱말 찾기

다음 네모에서 알고 있는 낱말을 찾아 동그라미를 해 보세요.

경	로	당	★	생	신
험	연	★	옷	걸	이
★	세	존	차	말	상
진	지	댓	림	씀	냥
높	임	말	단	정	한

내가 찾은 낱말 개

2 낱말 뜻 알기

다음 설명이나 그림이 뜻하는 낱말이 무엇인지 빈칸을 채워 보세요.

문제 개수 6 개
맞은 개수 개
틀린 개수 개

가 사람이나 사물을 높여서 이르는 말 ········ ☐ 임 ☐

나 옷차림새나 몸가짐 따위가 얌전하고 바른 ········ ☐ ☐ 한

다 옷을 차려입은 모양 ········ 옷 ☐ ☐

라
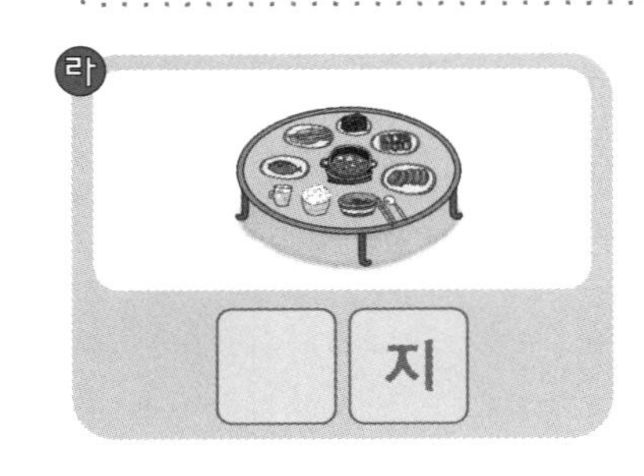
☐ 지

마
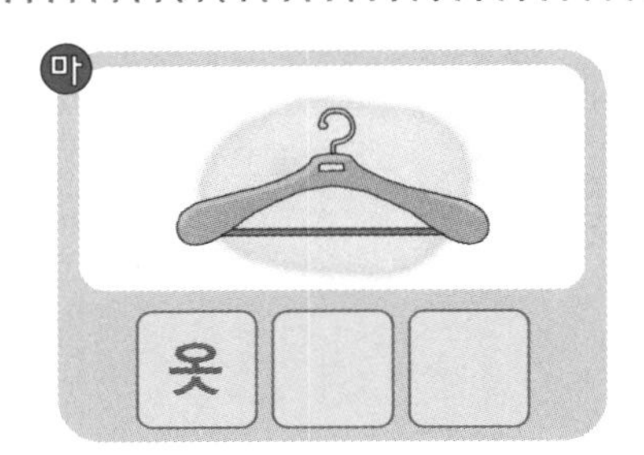
옷 ☐ ☐

바
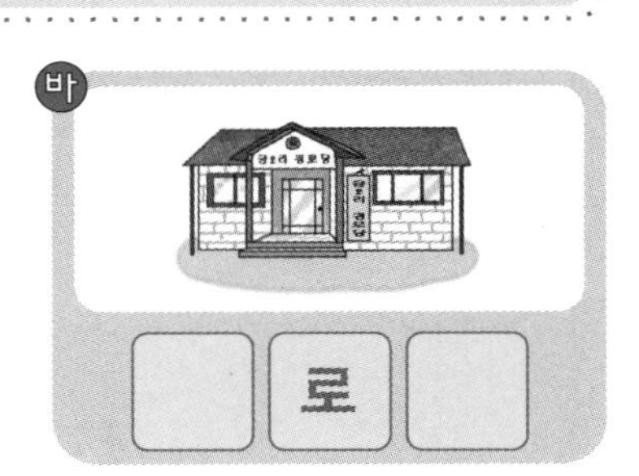
☐ 로 ☐

3 비슷한 말 반대말 알기

문제 개수 4 개

맞은 개수 개

틀린 개수 개

다음에서 비슷한 뜻끼리 짝지어진 것에는 '=' 로, 반대의 뜻끼리 짝지어진 것에는 '↔' 로 나타내거나, 부호에 알맞게 낱말을 채워 보세요.

높임말	=	(가)
단정한	(나)	지저분한

연세	(다)	나이
상냥한	(라)	퉁명스러운

4 큰 말 작은 말 알기

낱말의 포함 관계에 따라 '<', 또는 '>' 로 나타내고, 그림의 위치에 알맞게 낱말을 넣어 보세요.

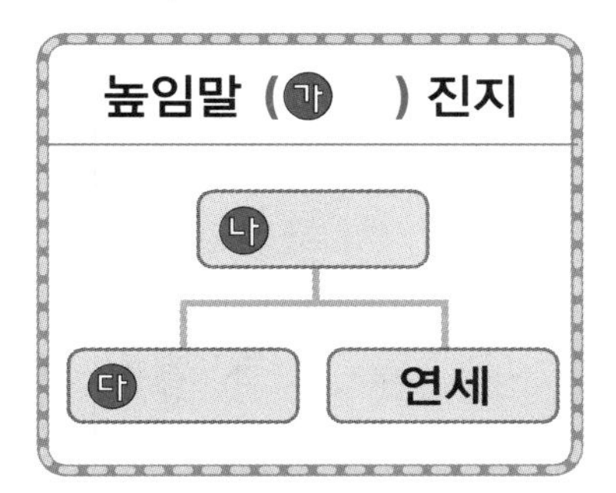

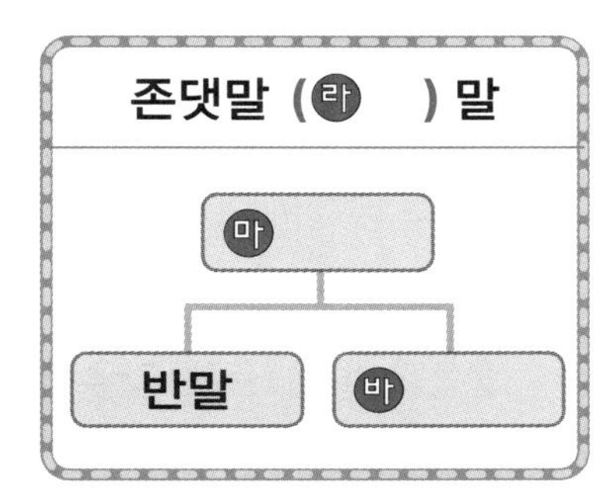

5 짝을 이루는 말 찾기

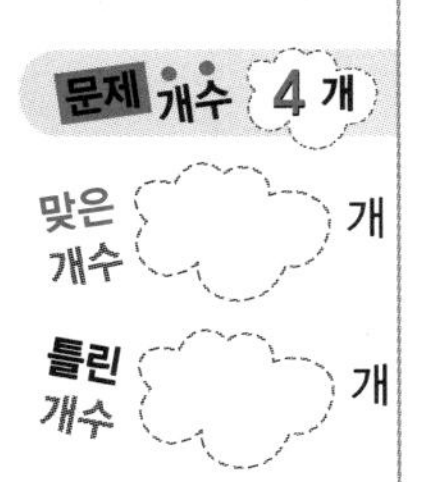

짝을 이루는 말을 찾아 동그라미 하고, 그 말의 뜻을 보기 에서 찾아 번호를 쓰세요.

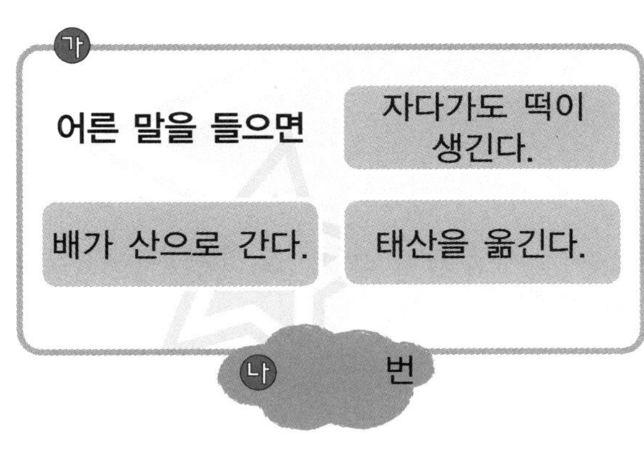

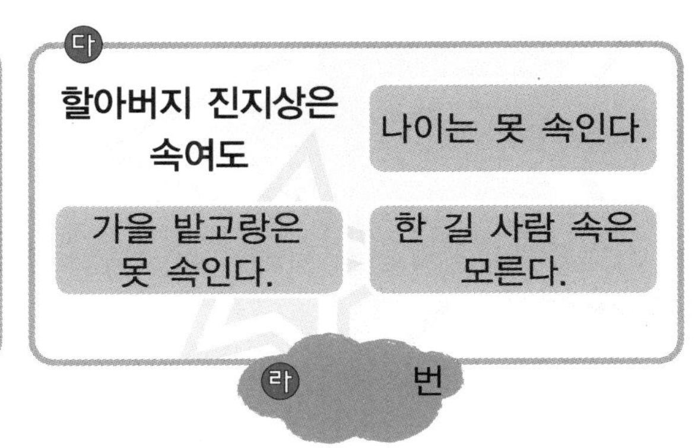

보기

① 농사를 잘 지었는가 못 지었는가 하는 것은 가을에 가서 드러난다는 말.

② 어른이 시키는 대로 하면 실수가 없을 뿐만 아니라, 여러 가지로 이익이 됨.

다음 ㉮~㉱의 ( )에 알맞은 낱말을 보기에서 찾아 번호를 쓰고, ㉲의 질문에 답해 보세요.

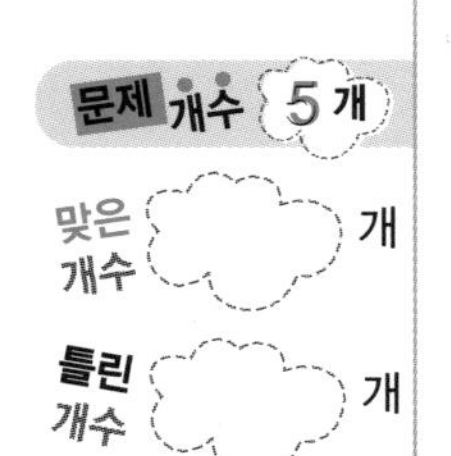

㉮ 할아버지, (　　　　) 잡수세요!

㉯ 대중교통에는 (　　　　)가 많으신 할머니, 할아버지를 위해 경로석을 두고 있다.

㉰ 학교에 갈 때는 비싼 옷보다는 깨끗하고 (　　　　) 옷차림을 하는 것이 좋다.

㉱ '물어보다'의 (　　　　)은 '여쭙다'야.

㉲ '상냥한'을 넣어 스스로 짧은 글을 지어 보세요.

➜

보기 ① 높임말 ② 단정한 ③ 옷차림 ④ 진지 ⑤ 경로당 ⑥ 연세

총 문제 개수 25 개 | 총 맞은 개수 (　　) 개 | 총 틀린 개수 (　　) 개

전기밥솥이 처음 개발된 때는 1955년이었지만 사용되지 않았어요. 1971년에 밥을 지어서 따뜻하게 보관하는 보온밥통이 개발되었어요. 우리나라에는 1980년대에 일본 여행을 다녀오는 사람들이 코끼리표 전기밥솥을 사 가지고 오면서 알려지기 시작했어요. 보온만 할 수 있는 보온밥통을 거쳐 1980년에는 취사와 보온을 동시에 할 수 있는 전기보온밥솥이 개발되었어요.

지금은 쓰기 편한 전기보온밥솥이 주로 쓰이는데 이를 종류별로 살펴보면 일반형 · 타이머형 · 마이콤형으로 구분할 수 있어요. 일반형은 밥이 되면 보온으로 자동적으로 넘어가고, 타이머형은 예약 타이머가 부착되어 있어, 밥 짓는 시간을 예약할 수 있어요. 마이콤형은 반도체 IC 칩을 내장하여 시간 예약은 물론 밥 상태를 조절해 맛있는 밥을 지을 수 있어요.

전기밥솥은 가전제품 중에서 수입품이 우리나라에 거의 발을 못 붙이는 분야래요.

머리 풀어주는 퍼즐

도전 시간	
00 분	15 초

걸린 시간	
분	초

창의사고력 기초 다지기 판단능력 쑥~

짝수만 들어 있는 주전자를 찾아보세요.

❶

❷

❸

❹

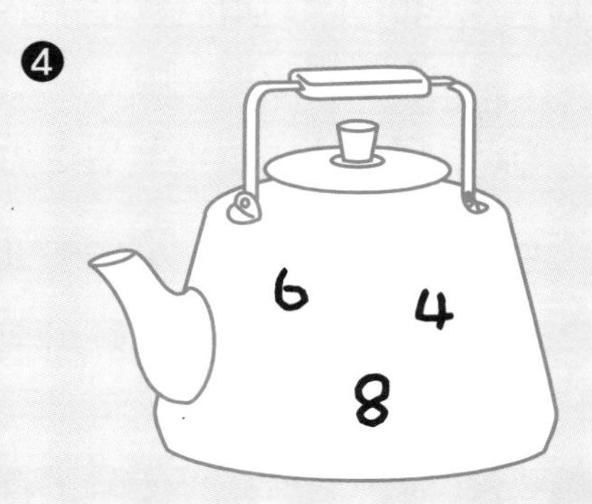

도전시간 10 분 00 초 | 걸린시간 분 초

1 가로세로 낱말 찾기

다음 네모에서 알고 있는 낱말을 찾아 동그라미를 해 보세요.

여기서 찾은 낱말로 2~6번 문제를 풀어요!

계	★	동	그	라	미
산	세	부	등	호	겹
네	모	짧	호	삼	침
★	길	다	사	각	형
규	칙	적	★	형	★

내가 찾은 낱말 개

2 낱말 뜻 알기

다음 설명이나 그림이 뜻하는 낱말이 무엇인지 빈칸을 채워 보세요.

문제 개수 6 개
맞은 개수 개
틀린 개수 개

가 주어진 수나 식을 일정한 규칙에 따라 값을 구하는 일 ·········· □□

나 일정한 질서가 있거나 규칙을 따르는 ·················· □□적

다 여러 사물이나 내용 따위가 서로 덧놓이거나 포개어짐 ·········· □□

라
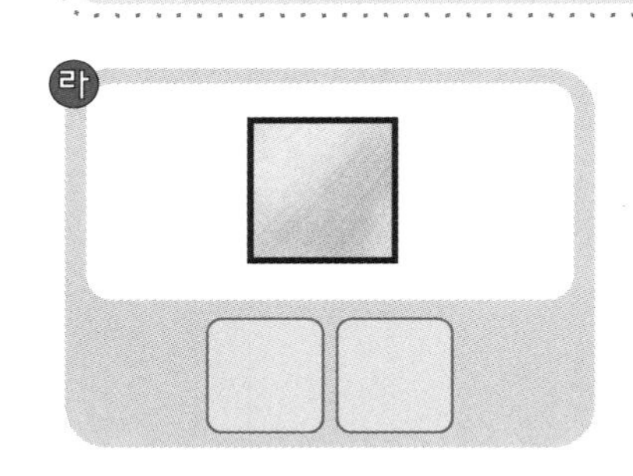
□□

마
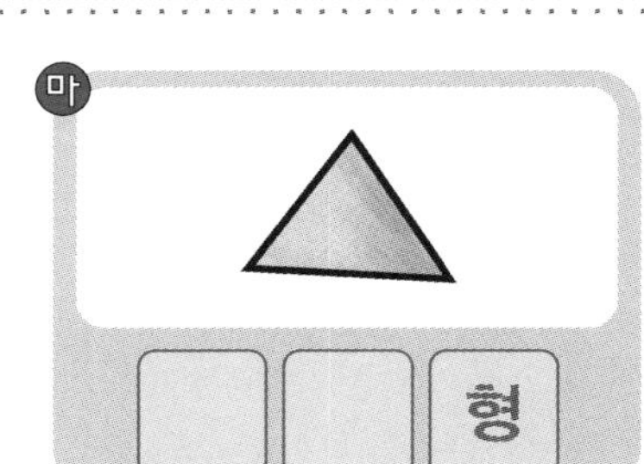
□□형

바
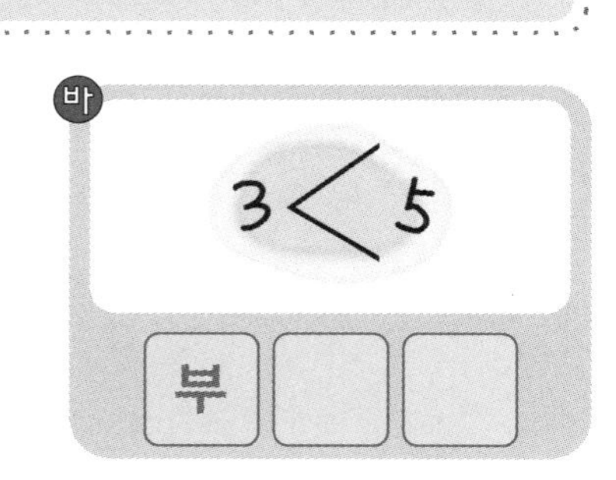

부□□

3 비슷한 말 반대말 알기

문제 개수 4 개

맞은 개수 ( ) 개

틀린 개수 ( ) 개

다음에서 비슷한 뜻끼리 짝지어진 것에는 '='로, 반대의 뜻끼리 짝지어진 것에는 '↔'로 나타내거나, 부호에 알맞게 낱말을 채워 보세요.

네모	=	(㉮)
동그라미	(㉯)	원

길다	(㉰)	짧다
규칙적	(㉱)	불규칙적

4 큰 말 작은 말 알기

낱말의 포함 관계에 따라 '<', 또는 '>'로 나타내고, 그림의 위치에 알맞게 낱말을 넣어 보세요.

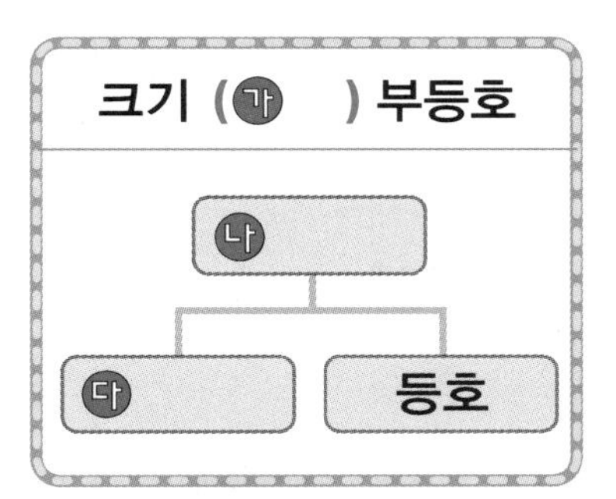

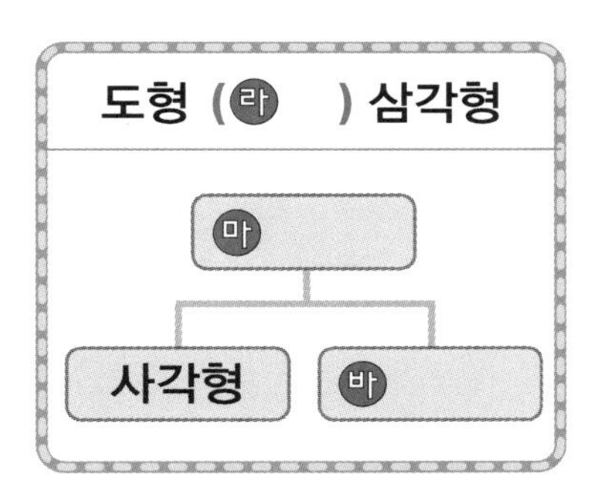

5 짝을 이루는 말 찾기

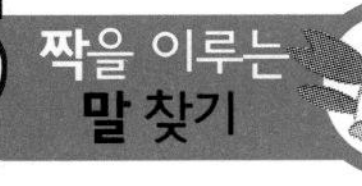

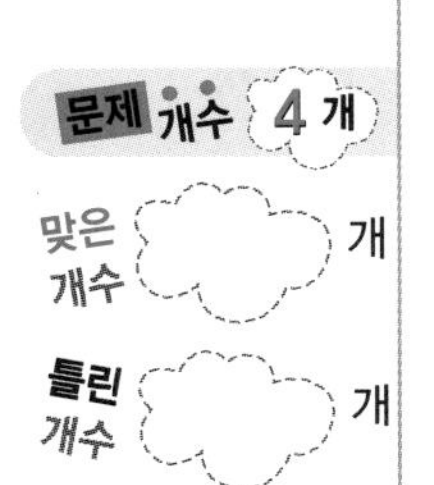

짝을 이루는 말을 찾아 동그라미 하고, 그 말의 뜻을 보기 에서 찾아 번호를 쓰세요.

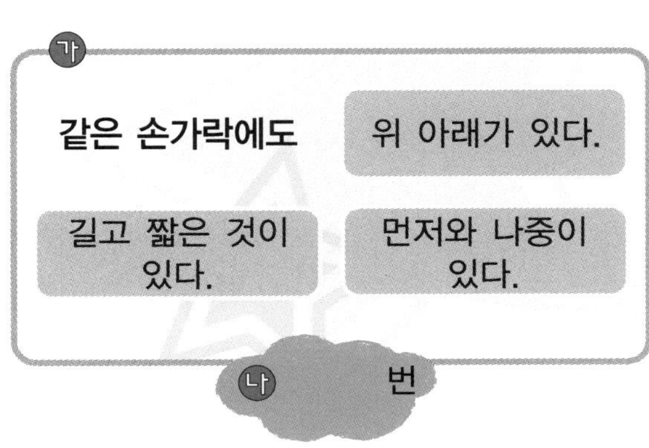

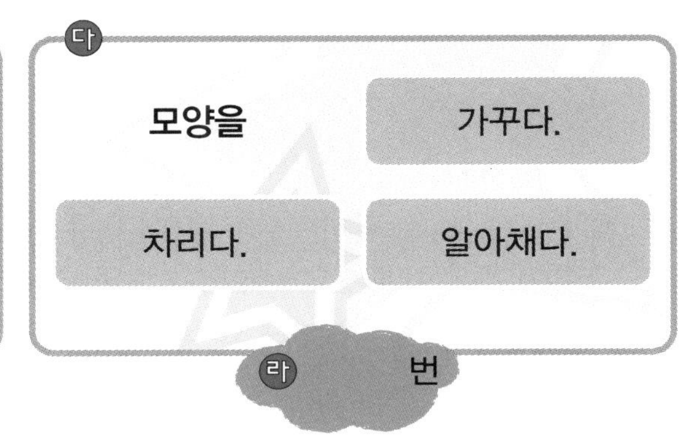

보기

① 꾸미어 맵시를 내거나 일정한 격식이나 형식을 갖추다.

② 아무리 같은 조건에 있다고 하더라도 조금씩은 서로 차이가 있게 마련이다.

다음 ㉮~㉱의 ( )에 알맞은 낱말을 보기 에서 찾아 번호를 쓰고, ㉲의 질문에 답해 보세요.

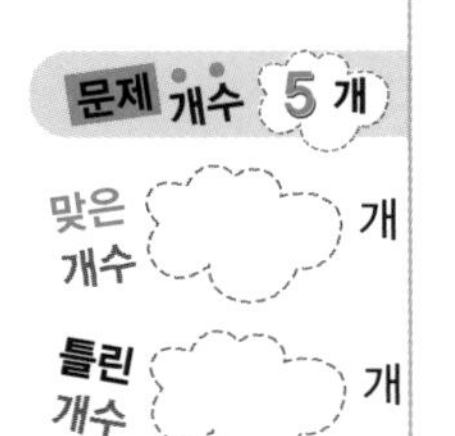

㉮ 길가에 보도블록이 (   )으로 놓여 있다.

㉯ 같은 크기의 수를 등호(=)로 나타내고 크기가 다르면 (   )(>)로 나타낸다.

㉰ 수학 문제는 풀어서 (   )해야지 그냥 보고는 답을 알 수 없다.

㉱ 편의점에서 파는 삼각 김밥은 세모난 것이 (   )을 닮았다.

㉲ '모양을 차리다'를 넣어 스스로 짧은 글을 지어 보세요.

➜ ______________________________

보기 ① 계산 ② 규칙적 ③ 겹침 ④ 사각형 ⑤ 삼각형 ⑥ 부등호

총 문제 개수 (25)개 | 총 맞은 개수 (   )개 | 총 틀린 개수 (   )개

햄버거와 된장찌개는 각각 칼로리가 얼마나 될까요? 햄버거는 패스트푸드, 된장찌개는 슬로푸드예요. 조리하는 데 걸리는 시간을 기준으로 나눈 거죠. 햄버거 세트는 햄버거, 콜라, 감자튀김이 기본으로 나와요. 햄버거 600칼로리, 콜라 170칼로리, 감자튀김 116칼로리로 총 886칼로리예요. 여기에 아이스크림 하나를 더 먹으면 215칼로리, 총 1100칼로리가 넘는답니다.

된장찌개를 볼까요? 된장찌개 139칼로리, 공깃밥 300칼로리 합이 439칼로리, 김치하고 다른 반찬을 많이 먹어도, 총 600칼로리랍니다. 햄버거의 반 조금 넘어요.

어린이에게 하루에 권하는 열량이 2200칼로리이니 한 끼에 1100칼로인 햄버거와 600칼로리인 된장찌개는 어떻게 다를지 상상이 가지요? 좋은 식사 습관은 건강을 준답니다.

머리 풀어주는 퍼즐

도전 시간	
00 분	15 초

걸린 시간	
분	초

창의사고력 기초 다지기 정보처리능력 쑥~

가로로 더해서 8이 되는 숫자끼리 묶어 보세요.

보기

1+7=8

1	7	3	6
7	2	4	4
3	5	4	1
7	2	6	5

도전시간 9 분 00 초 | 걸린시간 분 초

1 가로세로 낱말 찾기

다음 네모에서 알고 있는 낱말을 찾아 동그라미를 해 보세요.

여기서 찾은 낱말로 2~6번 문제를 풀어요!

줄	기	★	가	지	귀
말	귀	모	험	★	중
문	★	서	뿌	리	하
비	빛	리	귀	엽	다
단	깔	동	글	동	글

내가 찾은 낱말 개

2 낱말 뜻 알기

다음 설명이나 그림이 뜻하는 낱말이 무엇인지 빈칸을 채워 보세요.

문제 개수 6 개

맞은 개수 개

틀린 개수 개

㉮ 말을 할 때에 여는 입 또는 말을 꺼내는 실마리 ············ ☐☐

㉯ 여럿이 다 또는 매우 동근 모양 ················ ☐글☐글

㉰ 귀하고 중요하다 ························ ☐☐하다

㉱ 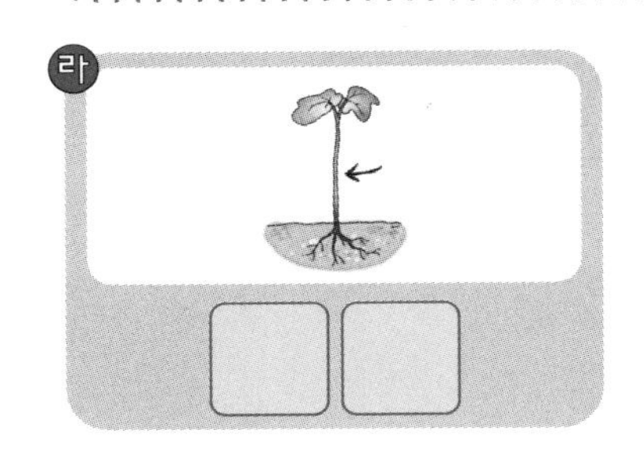 ☐☐

㉲ 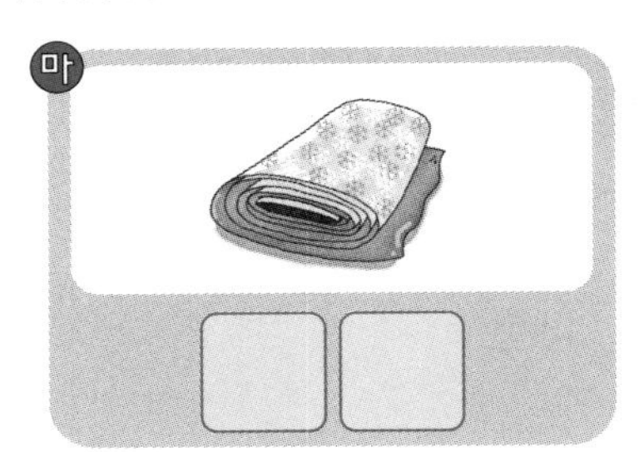 ☐☐

㉳  ☐☐리

3 비슷한 말 반대말 알기

문제 개수 4 개

맞은 개수 ( ) 개

틀린 개수 ( ) 개

다음에서 비슷한 뜻끼리 짝지어진 것에는 '=' 로, 반대의 뜻끼리 짝지어진 것에는 '↔' 로 나타내거나, 부호에 알맞게 낱말을 채워 보세요.

색채	=	(㉮)
귀엽다	(㉯)	징그럽다

모서리	(㉰)	귀퉁이
귀중하다	(㉱)	가치없다

4 큰 말 작은 말 알기

문제 개수 6 개

맞은 개수 ( ) 개

틀린 개수 ( ) 개

낱말의 포함 관계에 따라 '<', 또는 '>'로 나타내고, 그림의 위치에 알맞게 낱말을 넣어 보세요.

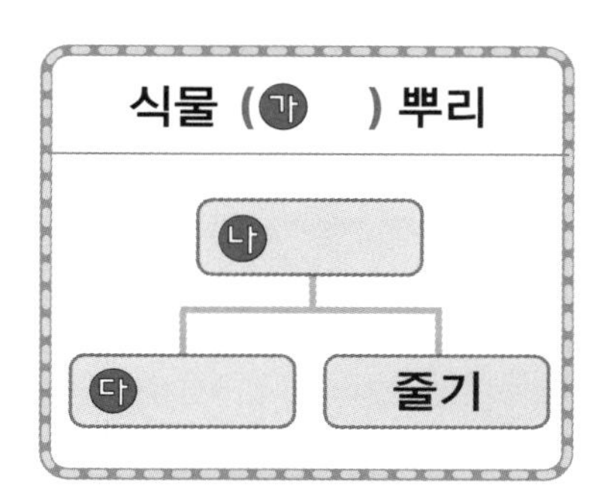

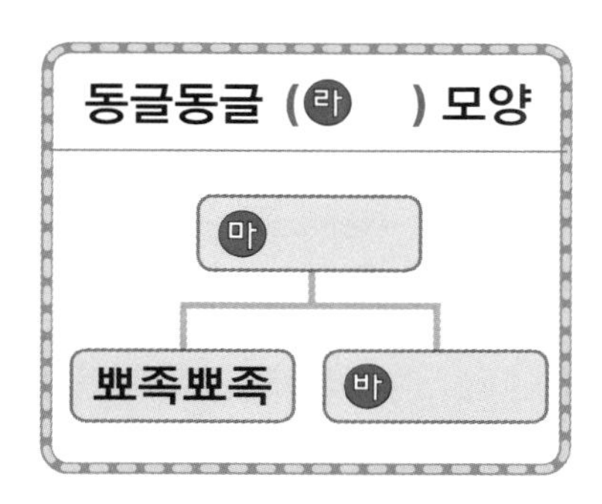

5 짝을 이루는 말 찾기

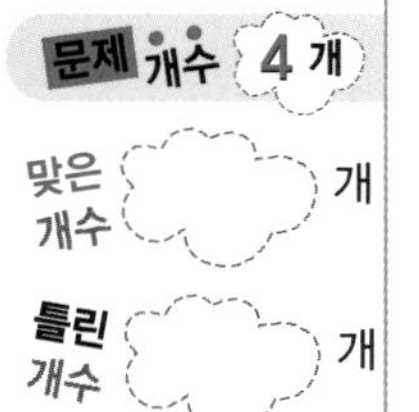

문제 개수 4 개

맞은 개수 ( ) 개

틀린 개수 ( ) 개

짝을 이루는 말을 찾아 동그라미 하고, 그 말의 뜻을 보기에서 찾아 번호를 쓰세요.

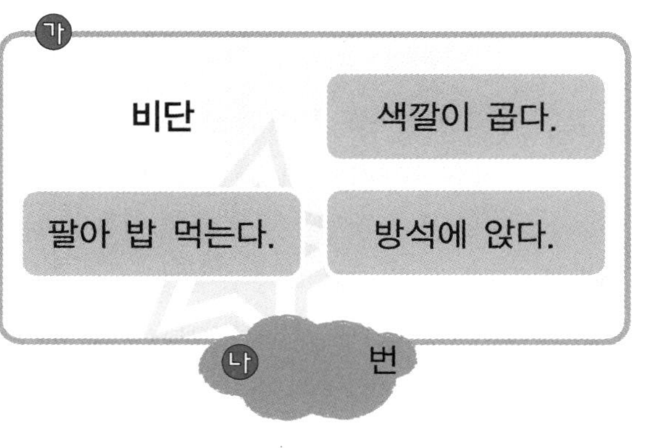

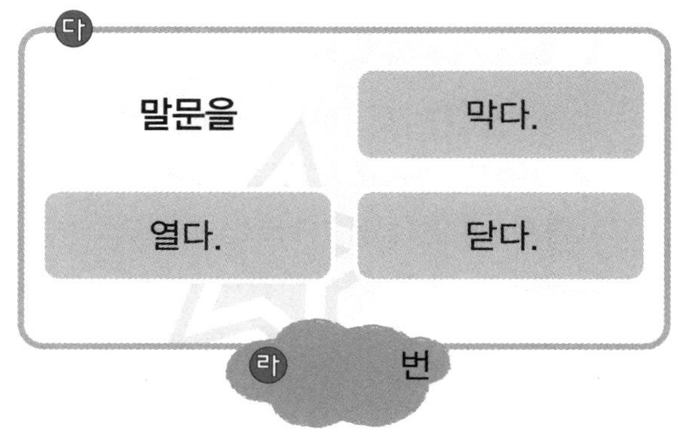

보기

① 매우 훌륭하고 보람 있는 지위나 자리를 차지하다.

② 말을 하지 못하게 하다.

다음 ㉮~㉱의 ( )에 알맞은 낱말을 보기에서 찾아 번호를 쓰고, ㉲의 질문에 답해 보세요.

㉮ 어느 부모님이나 자기 자식은 (   ).

㉯ 전학을 와서 한동안 말을 안 하던 친구가 드디어 (   )을 열었다.

㉰ 우리가 먹는 무나 당근은 그 식물의 (   )이다.

㉱ 엄마가 새로 한복을 지어 입으셨는데 그 (   )이 아주 고왔다.

㉲ '말문을 막다'를 넣어 스스로 짧은 글을 지어 보세요.

➜

보기 ① 말문 ② 귀중하다 ③ 줄기 ④ 뿌리 ⑤ 빛깔 ⑥ 모서리

총 문제 개수 25 개	총 맞은 개수 개	총 틀린 개수 개

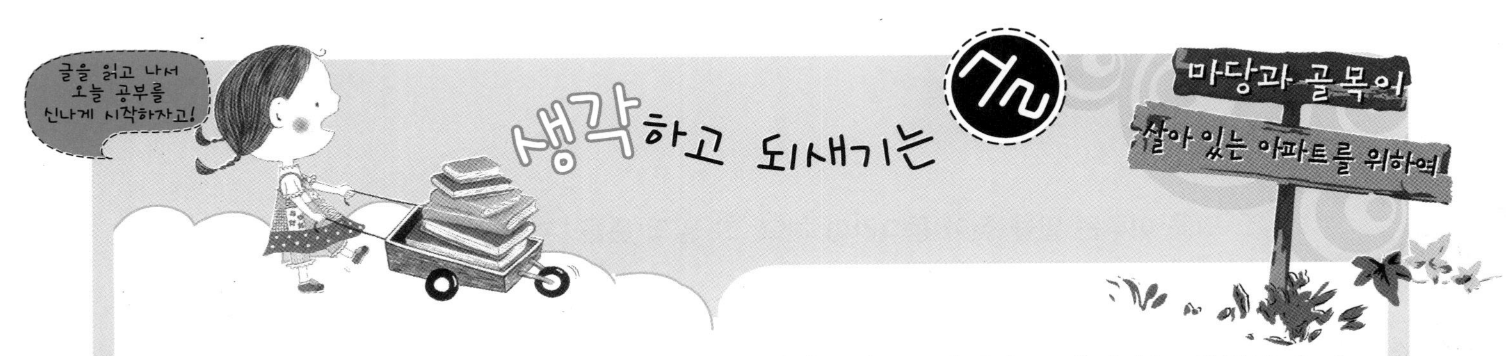

친구들은 '집' 하면 어떤 집이 떠오르나요? 아파트가 곧 집이라고 생각하는 친구들이 많을 거예요. 워낙 아파트에 사는 친구들이 많으니까요. 아파트의 역사를 더듬으면 고대 로마 시대로 거슬러 올라가요. 인슐라라 불렸던 이 아파트는 1층은 상가이고 2층에서 5층까지는 사람들이 거주하는 공간이었어요. 지금의 주상 복합 아파트와 비슷해요.

아파트가 우리나라에 처음 선보인 것은 고작 40여년밖에 안 되었어요. 그러던 것이 이젠 우리나라 집들 가운데 아파트가 반도 더 된대요. 아파트가 생겨 살기는 편해졌지만, 과거 마당과 골목에서 했던 놀이는 힘들어졌지요.

마당과 골목이 살아 있는 아파트를 만들 수는 없을까요? 아니면 지금 살고 있는 곳도 마당과 골목이 살아 있게 만들 수 없을까요? 이웃과 친해지는 것이 그 방법이랍니다.

머리 풀어주는 퍼즐

도전 시간	
00 분	15 초

걸린 시간	
분	초

창의사고력 기초 다지기 계산능력 쑥~

계산해서 나오는 글자를 찾아 어떤 단어가 되는지 알아보세요.

6 + 3 = ? →

2 + 5 = ? →

1 + 3 = ? →

1	2	3	4	5	6	7	8	9
퍼	다	멘	더	즐	우	코	사	리

도전시간 10 분 00 초 | 걸린시간 분 초

1 가로세로 낱말 찾기

다음 네모에서 알고 있는 낱말을 찾아 동그라미를 해 보세요.

★	환	은	은	하	다
그	경	크	레	파	스
림	미	색	연	필	케
도	화	지	물	감	치
구	★	축	제	★	북

내가 찾은 낱말 ( ) 개

2 낱말 뜻 알기

다음 설명이나 그림이 뜻하는 낱말이 무엇인지 빈칸을 채워 보세요.

문제 개수 6 개

맞은 개수 ( ) 개

틀린 개수 ( ) 개

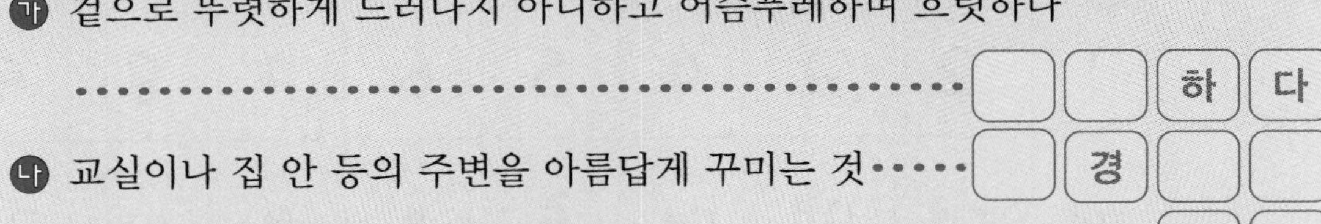

가 겉으로 뚜렷하게 드러나지 아니하고 어슴푸레하며 흐릿하다 ……… □□하다

나 교실이나 집 안 등의 주변을 아름답게 꾸미는 것 ……… □경□□

다 축하하여 벌이는 큰 규모의 행사 ……… □□

라

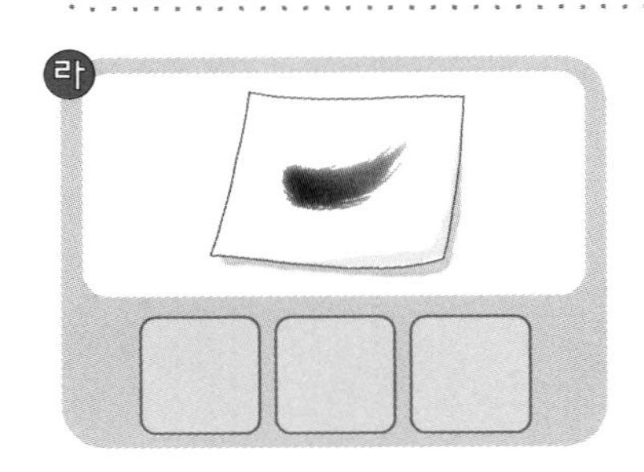

□□□

마

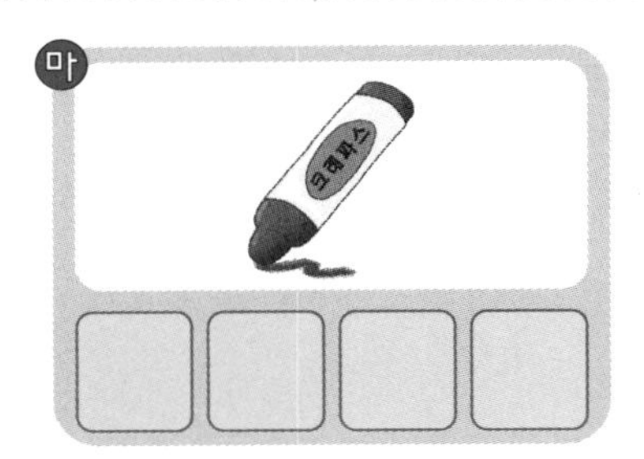

□□□□

바

□□□□

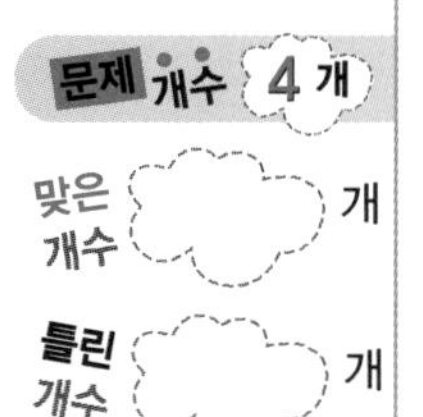

다음에서 비슷한 뜻끼리 짝지어진 것에는 '='로, 반대의 뜻끼리 짝지어진 것에는 '↔'로 나타내거나, 부호에 알맞게 낱말을 채워 보세요.

잔치	=	(㉮)
은은하다	(㉯)	은연하다

크레파스	(㉰)	크레용
그림도구	(㉱)	화구(畫具)

문제 개수 4 개
맞은 개수 개
틀린 개수 개

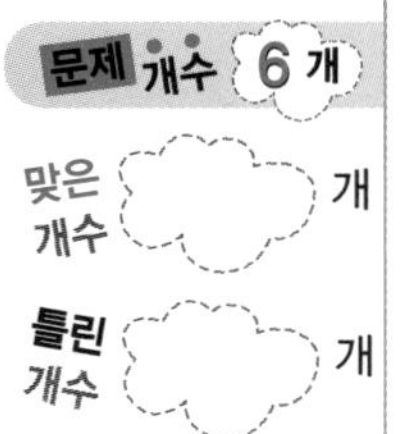

낱말의 포함 관계에 따라 '<', 또는 '>'로 나타내고, 그림의 위치에 알맞게 낱말을 넣어 보세요.

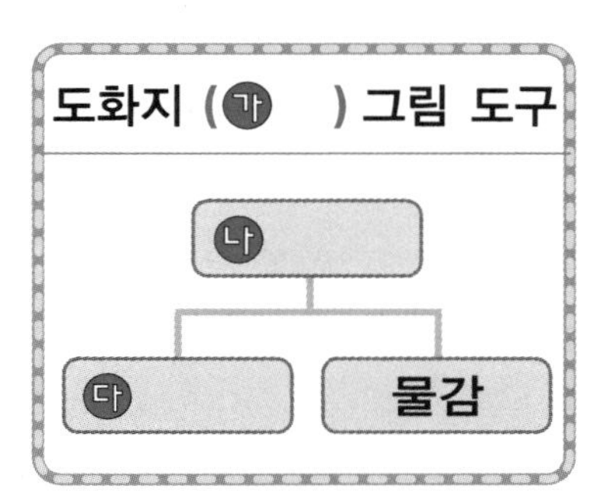

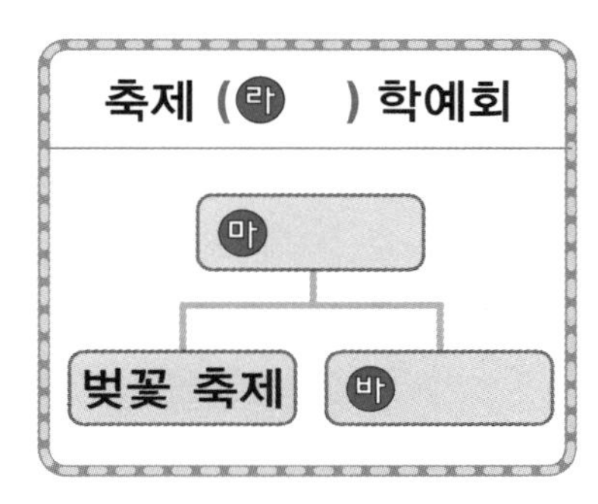

문제 개수 6 개
맞은 개수 개
틀린 개수 개

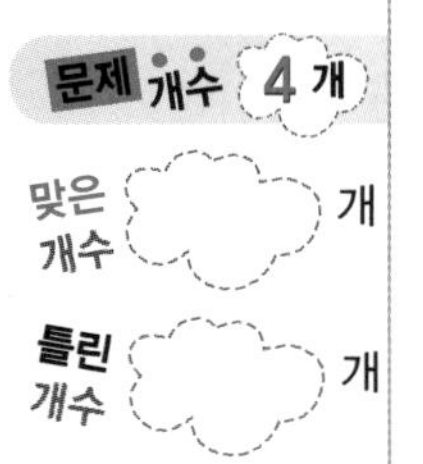

짝을 이루는 말을 찾아 동그라미 하고, 그 말의 뜻을 보기에서 찾아 번호를 쓰세요.

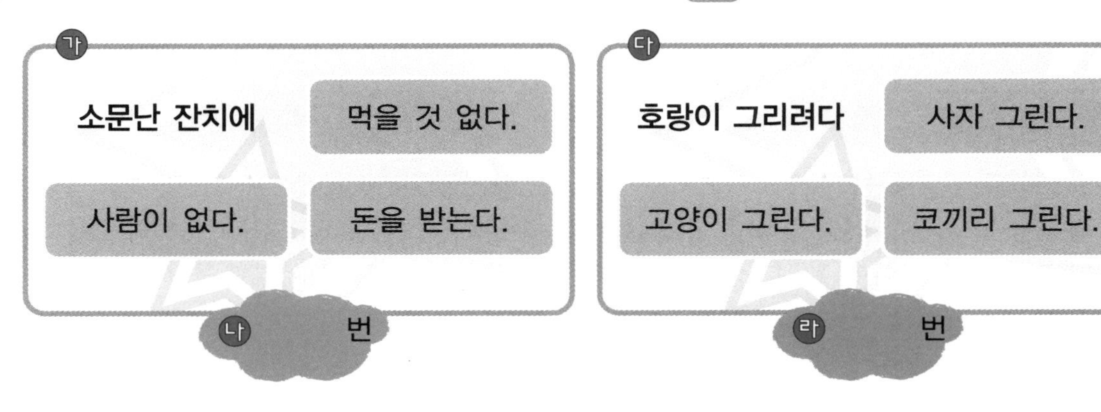

문제 개수 4 개
맞은 개수 개
틀린 개수 개

보기

① 크게 마음먹고 시작했으나 초라하고 엉뚱한 것을 만들게 됨.
② 소문이나 큰 기대에 비하여 실속이 없거나 소문이 실제와 일치하지 아니하는 경우.

다음 ㉮~㉱의 ( )에 알맞은 낱말을 보기에서 찾아 번호를 쓰고, ㉲의 질문에 답해 보세요.

문제 개수 5개

맞은 개수 ( )개

틀린 개수 ( )개

㉮ 새봄을 맞이하여 우리 반을 아름답게 꾸미는 ( )를 하기로 했다.

㉯ 야외로 그림을 그리러 갈 거예요. 도화지를 비롯한 ( )를 꼭 챙겨 오세요.

㉰ 감으로 유명한 우리 고장은 해마다 가을이면 ( )를 연다.

㉱ 우리나라의 전통 그림은 서양의 그림처럼 화려하지 않고 색이 ( ).

㉲ '도화지'를 넣어 스스로 짧은 글을 지어 보세요.

→ ______________________________

보기 ① 은은하다 ② 환경 미화 ③ 축제 ④ 도화지 ⑤ 크레파스 ⑥ 그림 도구

총 문제 개수 25개 | 총 맞은 개수 ( )개 | 총 틀린 개수 ( )개

예부터 제주도는 삼다도라 하여 바람, 돌, 여자가 많다고 했습니다. 제주도 집은 이런 자연 환경을 고스란히 담았습니다. 지붕은 바람에 날려 갈까 띠라고 불리는 억새풀을 꼬아서 바둑판 모양으로 얽어맸습니다. 그래서 아무리 강한 바람이 불어도 끄떡없답니다.

화산섬인 제주도에는 검은 현무암이 지천으로 깔려 있습니다. 제주도에서는 강한 바람과 함께 비가 내리기 때문에 옆에서 호스로 뿌리는 것처럼 비가 내립니다. 이런 비바람에도 이겨 내도록 흙담을 쌓지 않고 돌담을 쌓았습니다. 담은 구멍이 숭숭 지나갈 수 있도록 얼기설기 쌓았습니다. 이 담을 지나고 나면 바람도 고분고분해집니다. 이 담을 집에만 쌓는 것이 아니고 통싯간이라 불리는 화장실에도 돌려 쌓았고 무덤 뗏장도 돌담으로 쌓았답니다. 혹독한 자연을 돌이라는 자연으로 이겨 낸 옛사람들의 슬기롭고도 멋스러운 지혜랍니다.

머리 풀어주는 퍼즐

도전 시간		걸린 시간	
00 분	15 초	분	초

창의사고력 기초 다지기 주의집중력 쑥~

굴러가는 네모가 있습니다. 나머지와 모양이 다른 하나는 무엇일까요?

❶

❷

❸

❹

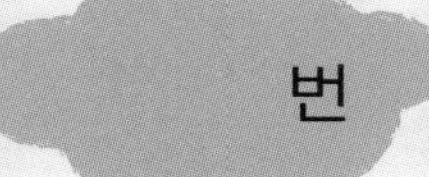
번

도전시간 10 분 00 초 | 걸린시간 분 초

1 가로세로 낱말 찾기

다음 네모에서 알고 있는 낱말을 찾아 동그라미를 해 보세요.

단	위	곱	하	다	★
★	덧	셈	★	너	비
길	★	식	구	하	다
이	꼭	짓	점	★	펴
동	그	랗	다	접	다

2 낱말 뜻 알기

다음 설명이나 그림이 뜻하는 낱말이 무엇인지 빈칸을 채워 보세요.

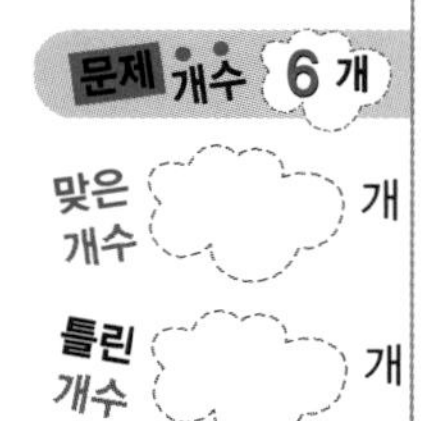

가 길이, 무게, 시간 등을 수치로 나타낼 때 기초가 되는 일정한 기준 ………… □□

나 필요한 것을 찾거나 또는 그렇게 하여 얻다 ………… □□다

다 평면이나 넓은 물체의 가로로 건너지른 거리 ………… □□

라 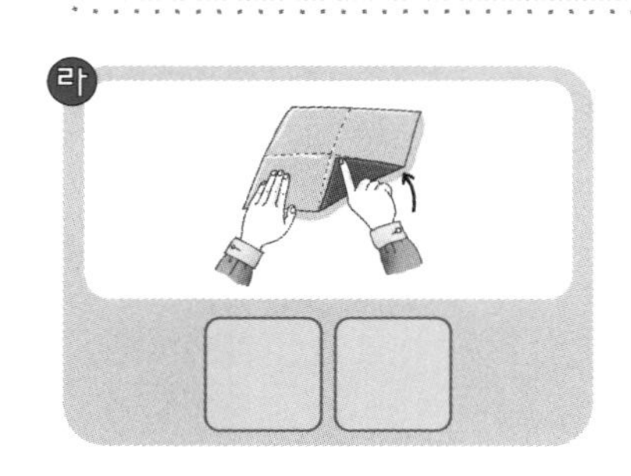 □□

마 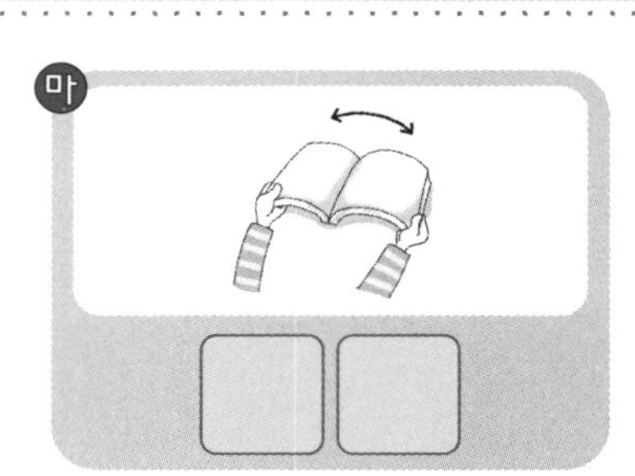 □□

바 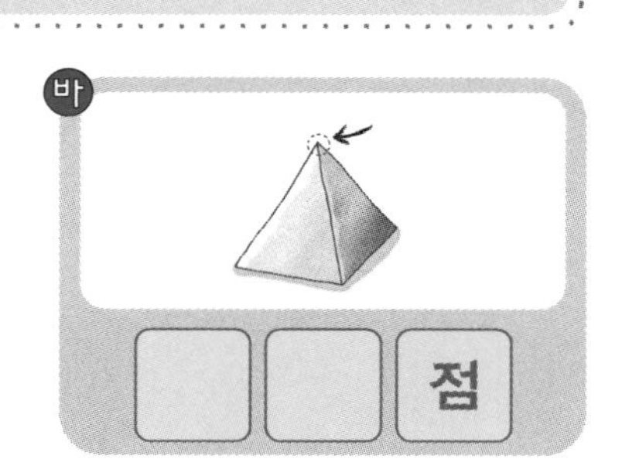 □□점

다음에서 비슷한 뜻끼리 짝지어진 것에는 '='로, 반대의 뜻끼리 짝지어진 것에는 '↔'로 나타내거나, 부호에 알맞게 낱말을 채워 보세요.

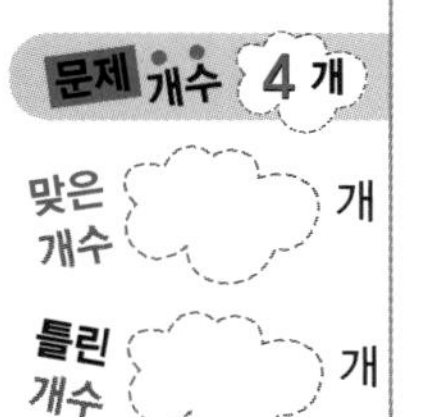

폭	=	(㉮)
접다	(㉯)	펴다

길이	(㉰)	기장
구하다	(㉱)	찾아 얻다

낱말의 포함 관계에 따라 '<', 또는 '>'로 나타내고, 그림의 위치에 알맞게 낱말을 넣어 보세요.

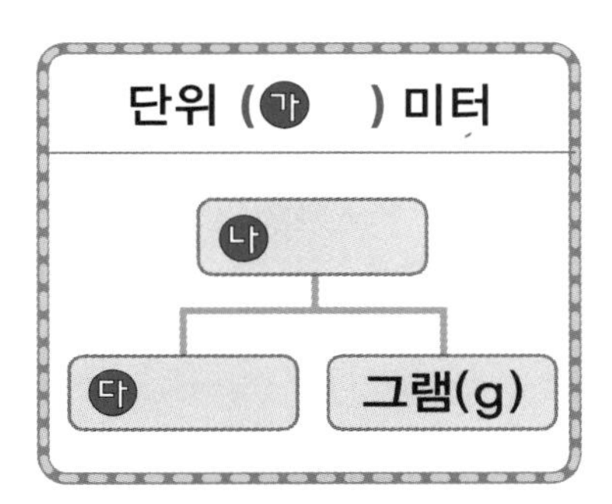

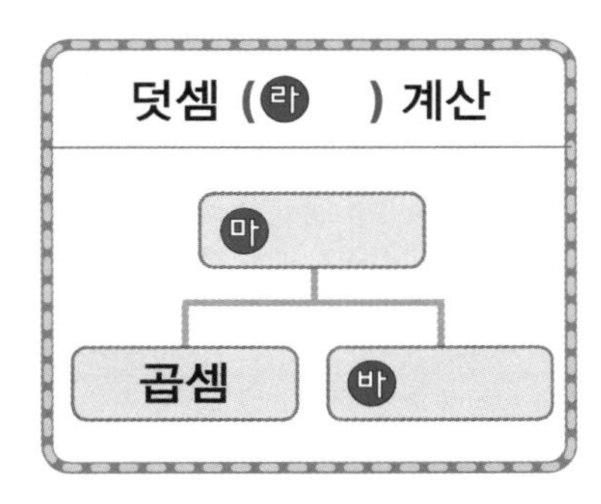

짝을 이루는 말 찾기

짝을 이루는 말을 찾아 동그라미 하고, 그 말의 뜻을 보기 에서 찾아 번호를 쓰세요.

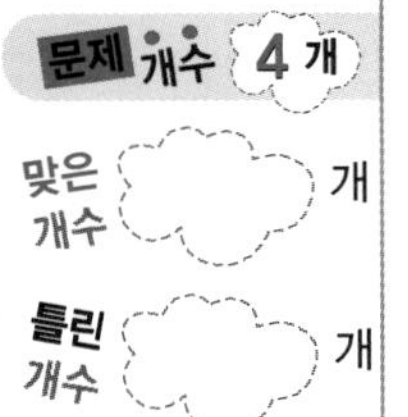

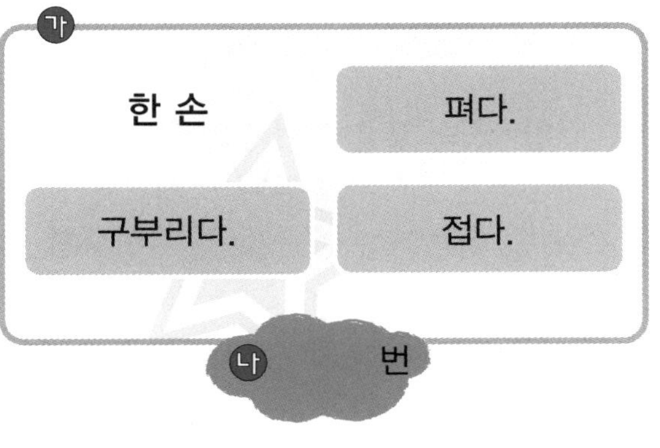

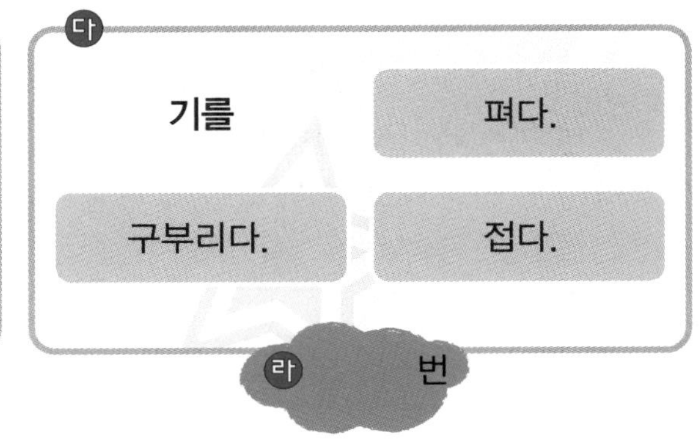

보기

① 나은 편이 스스로 자기 실력을 낮추다.

② 억눌림이나 어려운 지경에서 벗어나 마음을 자유롭게 가지다.

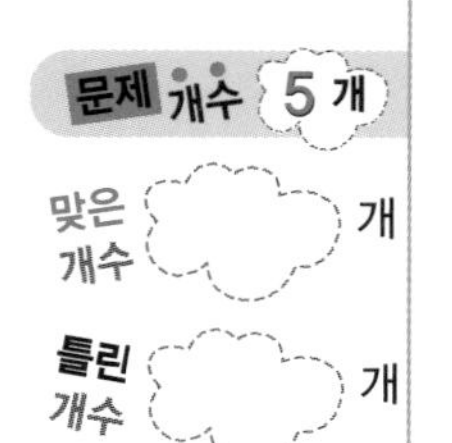

다음 ㉮~㉱의 ( )에 알맞은 낱말을 보기에서 찾아 번호를 쓰고, ㉲의 질문에 답해 보세요.

㉮ 색종이로 예쁘게 종이학을 (　　　).

㉯ 물건마다 세는 (　　　)가 달라서 고기나 야채는 그램으로, 과일은 개수로 센다.

㉰ 내 방은 길이는 길지만 (　　　)가 좁다.

㉱ 겨울 동안 추위 웅크린 몸을 봄이 되어 활짝 (　　　).

㉲ '한 손 접다'를 넣어 스스로 짧은 글을 지어 보세요.

➜

보기 ① 단위 ② 구하다 ③ 너비 ④ 접었다 ⑤ 폈다 ⑥ 꼭짓점

총 문제 개수 25 개 | 총 맞은 개수 　 개 | 총 틀린 개수 　 개

미술은 하나의 언어예요. 유명한 화가는 말할 것도 없고 어린 꼬마들도 그림으로 자신의 마음을 표현해요. 비록 표현이 서툴지만 보는 사람은 기쁜지 슬픈지 느낄 수 있지요.

그림뿐 아니라 음악도 마찬가지지요. 낯선 곳을 여행하다 만난 이방인이 부르는 노래를 들었을 때 무슨 뜻인지 알 수 없지만 노래를 부르는 사람의 마음이 고스란히 느껴져요. 노래 한 곡으로 친구가 되는 순간이에요. 어쩌면 백 마디 말보다 더 잘 통할 수도 있어요. 그래서 언어 장애를 가진 친구들에게 미술은 더 큰 힘을 발휘하고, 앞을 보지 못하는 친구에게 음악은 아픔을 치료해 주기도 한답니다.

내 마음을 전할 수 있는 그림이나 음악에 관심을 가져 보면 어떨까요? 그림이나 음악으로 내 마음을 친구와 가족에게 전해 보세요. 서먹했던 마음이 풀어지기도 한답니다.

머리 풀어주는 퍼즐

도전 시간		걸린 시간	
00 분	15 초	분	초

창의사고력 기초 다지기 연상추리력

다음 보기의 세 가지 모양을 이용해서 그릴 수 없는 그림을 찾아보세요.

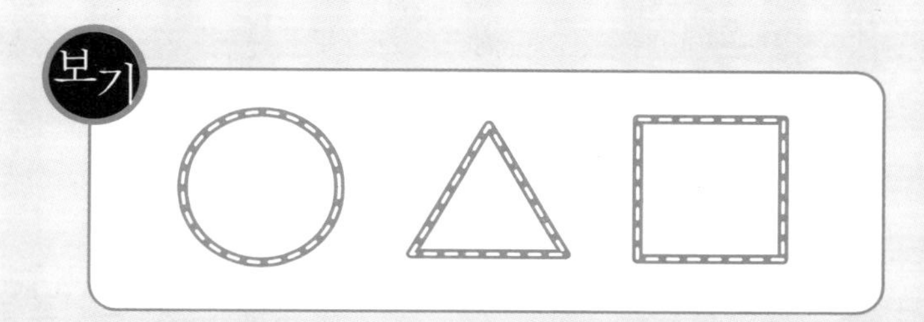

❶

❷
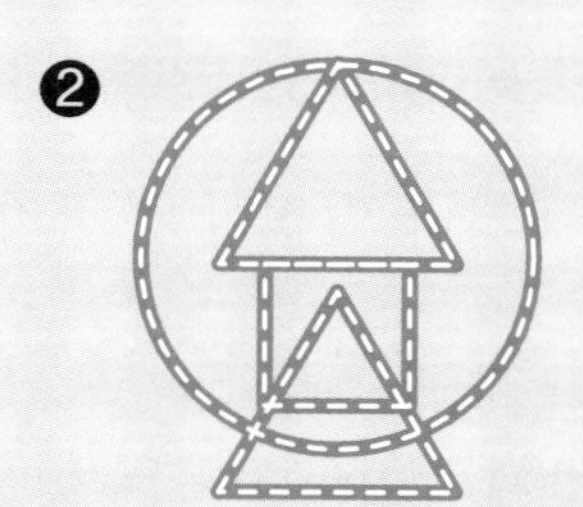

❸
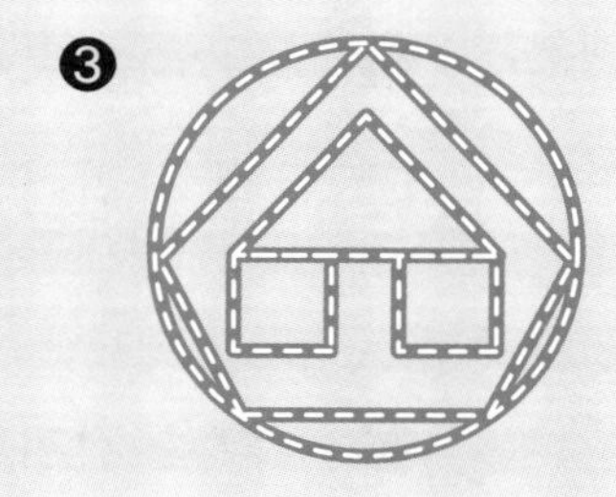

도전시간 13 분 00 초 | 걸린시간 분 초

1 가로세로 낱말 찾기

다음 네모에서 알고 있는 낱말을 찾아 동그라미를 해 보세요.

여기서 찾은 낱말로 2~6번 문제를 풀어요!

또	랑	또	랑	대	답
설	명	서	만	화	질
거	가	시	어	★	문
지	옥	★	듑	마	당
어	울	리	다	락	방

내가 찾은 낱말 개

2 낱말 뜻 알기

다음 설명이나 그림이 뜻하는 낱말이 무엇인지 빈칸을 채워 보세요.

문제 개수 6 개
맞은 개수 개
틀린 개수 개

가 조금도 흐리지 않고 아주 밝고 똑똑한 모양 ·········

나 함께 사귀어 잘 지내거나 일정한 분위기에 끼어들어 같이 휩싸이다

·····························

다 다락을 거처하기 좋게 꾸민 곳 또는 높은 곳에 만들어 꾸민 방

·····························

라

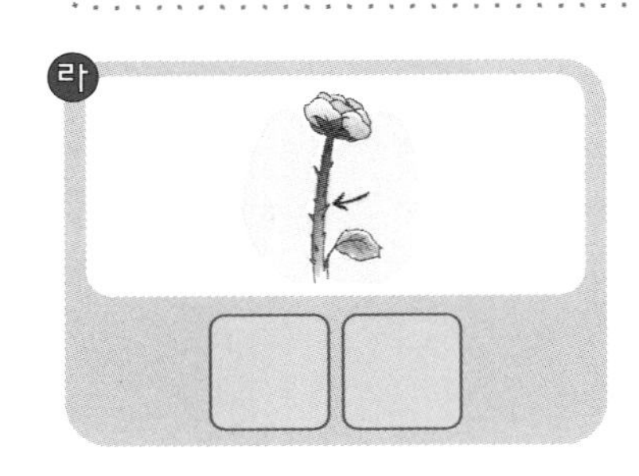

마

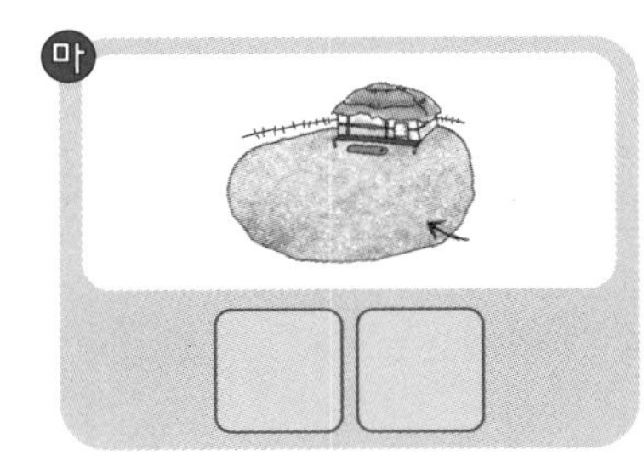

바

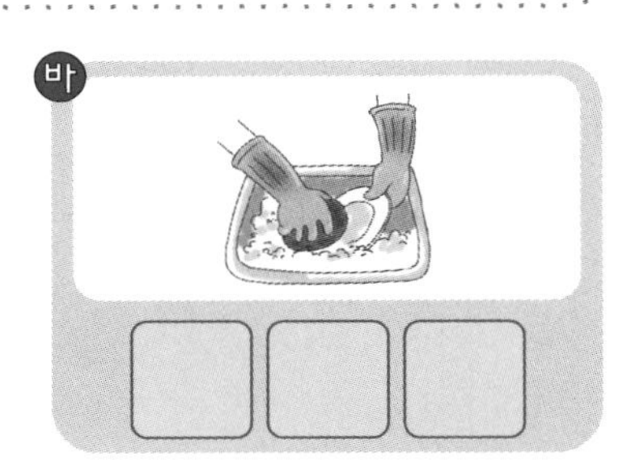

3 비슷한 말 반대말 알기

문제 개수 4 개

맞은 개수 ( ) 개

틀린 개수 ( ) 개

다음에서 비슷한 뜻끼리 짝지어진 것에는 '='로, 반대의 뜻끼리 짝지어진 것에는 '↔'로 나타내거나, 부호에 알맞게 낱말을 채워 보세요.

해설서	=	(㉮)
질문	(㉯)	대답

밝다	(㉰)	어둡다
가옥	(㉱)	집

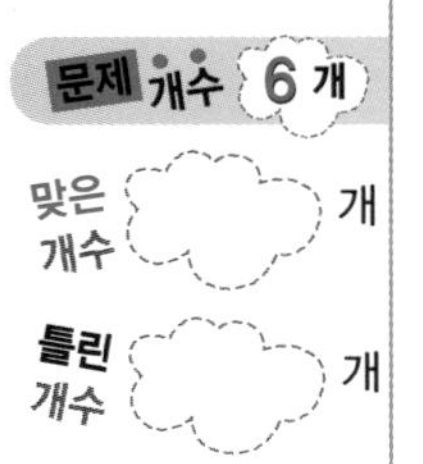

낱말의 포함 관계에 따라 '<', 또는 '>'로 나타내고, 그림의 위치에 알맞게 낱말을 넣어 보세요.

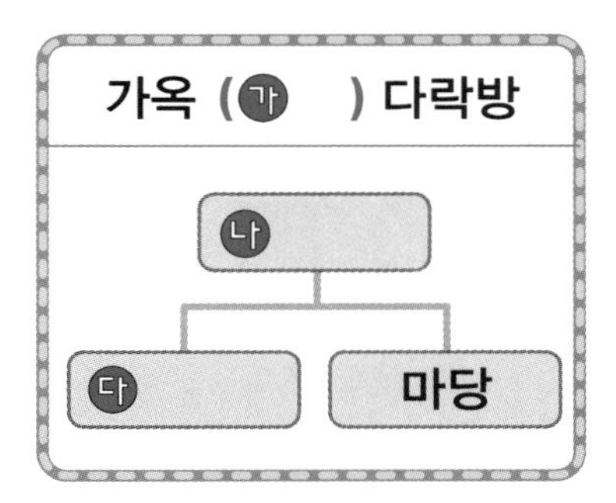

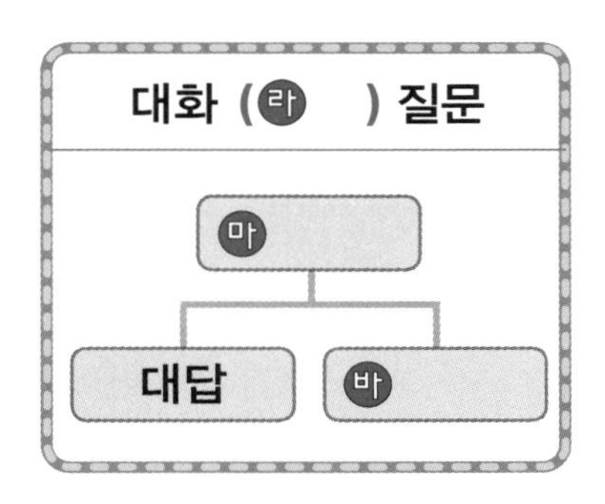

5 짝을 이루는 말 찾기

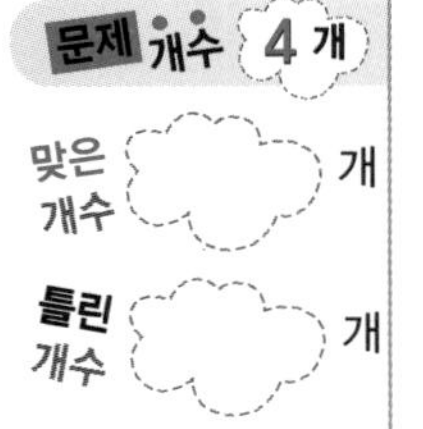

짝을 이루는 말을 찾아 동그라미 하고, 그 말의 뜻을 보기에서 찾아 번호를 쓰세요.

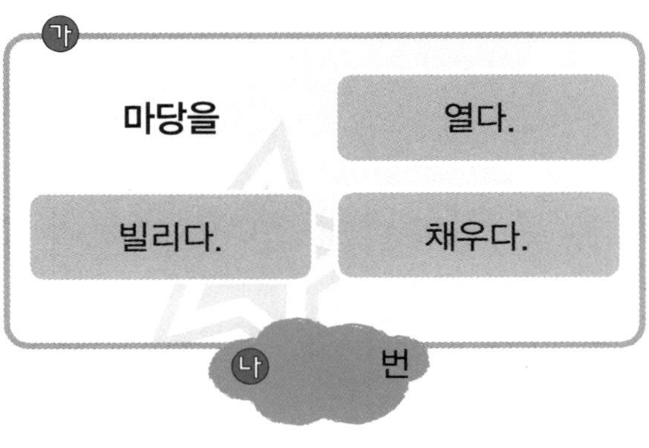

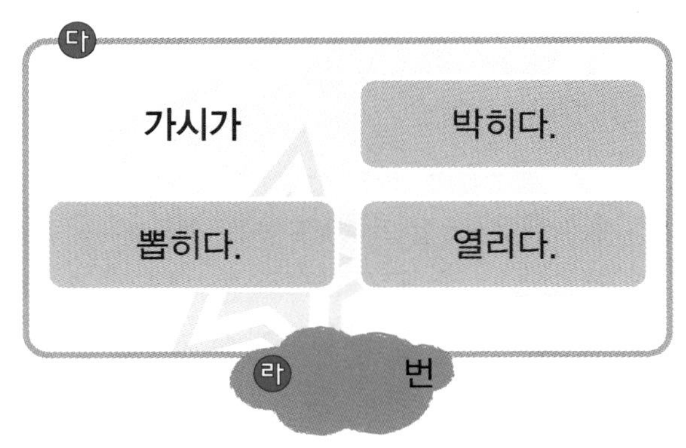

보기

① 신랑이 신부 집에 가서 혼례식을 지내다.

② 말 속에 나쁜 뜻이 숨겨져 있다.

다음 ㉮~㉱의 ( )에 알맞은 낱말을 보기에서 찾아 번호를 쓰고, ㉲의 질문에 답해 보세요.

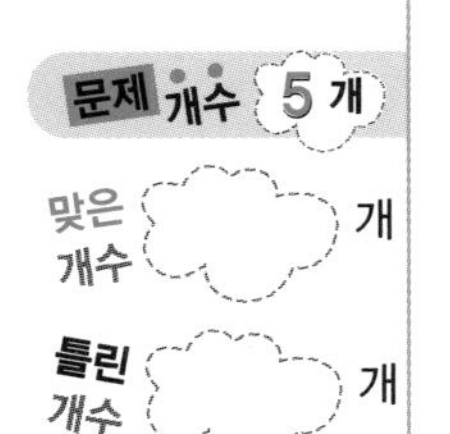

㉮ 세진이는 크고 (   )한 목소리로 발표를 잘한다.

㉯ 저녁을 먹고 엄마를 도와 (   )를 했다.

㉰ 네가 한 (   )에 내 대답은 이거야.

㉱ 학교가 끝나고 기현이는 축구를 하며 친구들과 (   ).

㉲ '가시가 박히다'를 넣어 스스로 짧은 글을 지어 보세요.

➔ ______________________________

보기 ① 또랑또랑 ② 어울렸다 ③ 가시 ④ 마당 ⑤ 설거지 ⑥ 질문

총 문제 개수 25 개	총 맞은 개수 개	총 틀린 개수 개

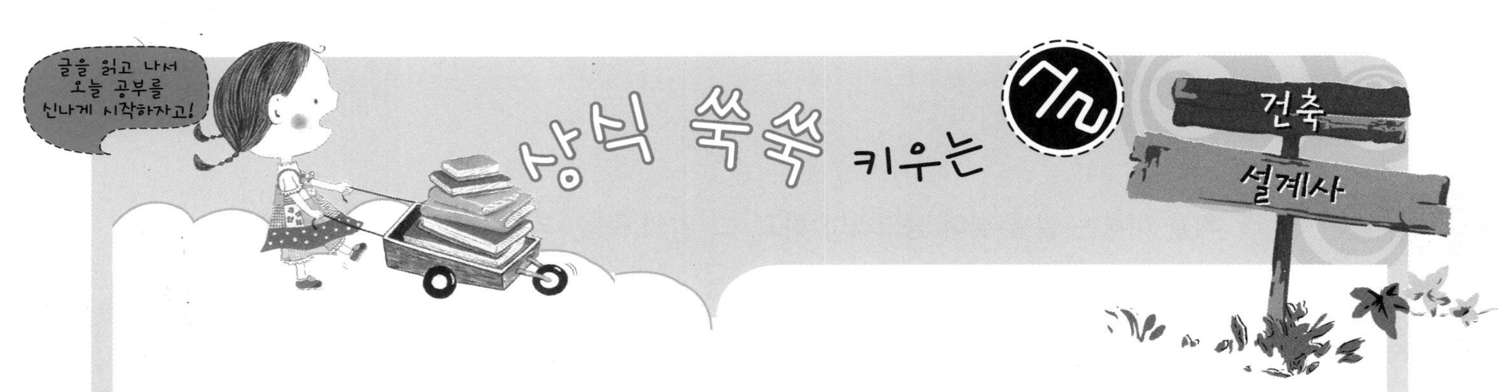

건축 설계사는 건축가와 설계사를 통틀어 부르는 호칭이에요. 주택이나 사무용 빌딩, 병원, 체육관 등의 건축물을 계획하고 설계해요. 그 건물 고유의 기능을 훌륭히 해내면서도 미적으로 아름다운 건축물을 계획하고 설계하지요.

과거에는 건축가 혼자서 계획, 설계 그리고 공사 감독을 모두 했어요. 그러나 현대에는 건축물이 커지고 구조와 설비가 복잡해져서 혼자 할 수는 없어요. 건축 구조 기술자, 토목 공학 기술자, 전기 공사 기술자, 다른 건축 설비 기술자, 인테리어 디자이너, 조경 설계가 등 관련 전문가들과 함께 일을 해요. 아이디어를 내는 창조적인 일과 건축이 완성되는 만족감으로 예술가로서 자부심을 가질 수 있답니다.

머리 풀어주는 퍼즐

도전 시간	
00 분	15 초

걸린 시간	
분	초

창의사고력 기초 다지기 판단능력 쑥~

왼쪽에서는 짝수가 아닌 수에, 오른쪽에서는 홀수가 아닌 것에 동그라미를 해 보세요.

4	3	12	7
5	2	20	6
8	14	9	22
10	18	16	11

13	7	3	6
1	8	11	21
9	15	5	10
2	19	4	17

도전시간 14 분 00 초 | 걸린시간 분 초

1 가로세로 낱말 찾기

다음 네모에서 알고 있는 낱말을 찾아 동그라미를 해 보세요.

★	겉	허	공	연	장
속	옷	둥	손	★	건
모	범	지	하	전	축
퉁	★	둥	다	시	가
이	허	리	띠	회	★

내가 찾은 낱말 개

2 낱말 뜻 알기

문제 개수 6 개

맞은 개수 개

틀린 개수 개

다음 설명이나 그림이 뜻하는 낱말이 무엇인지 빈칸을 채워 보세요.

가 극장, 콘서트홀 따위의 공연을 하는 장소 ☐☐장

나 정신을 차릴 수 없을 만큼 갈팡질팡하며 다급하게 서두르는 모양 ☐둥☐둥

다 본받아 배울 만한 대상 ☐☐

라 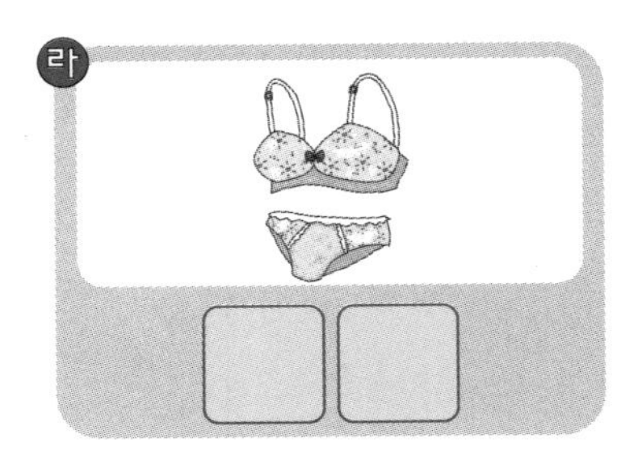 ☐☐

마  ☐☐띠

바  ☐☐

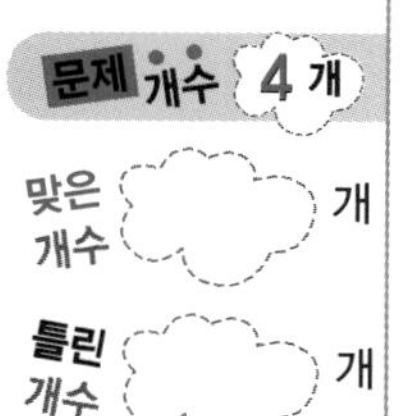

다음에서 비슷한 뜻끼리 짝지어진 것에는 '='로, 반대의 뜻끼리 짝지어진 것에는 '↔'로 나타내거나, 부호에 알맞게 낱말을 채워 보세요.

맞은 개수 ( ) 개
틀린 개수 ( ) 개

벨트	=	(㉮)
겉옷	(㉯)	속옷

모범	(㉰)	본보기
전축	(㉱)	오디오

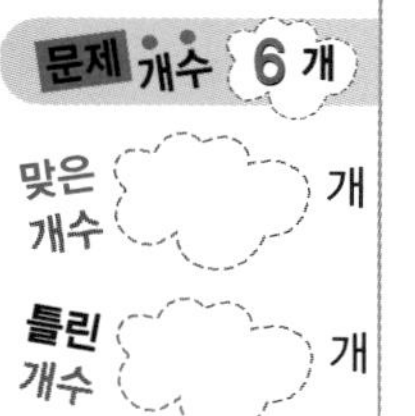

낱말의 포함 관계에 따라 '<', 또는 '>'로 나타내고, 그림의 위치에 알맞게 낱말을 넣어 보세요.

문제 개수 6 개

맞은 개수 ( ) 개
틀린 개수 ( ) 개

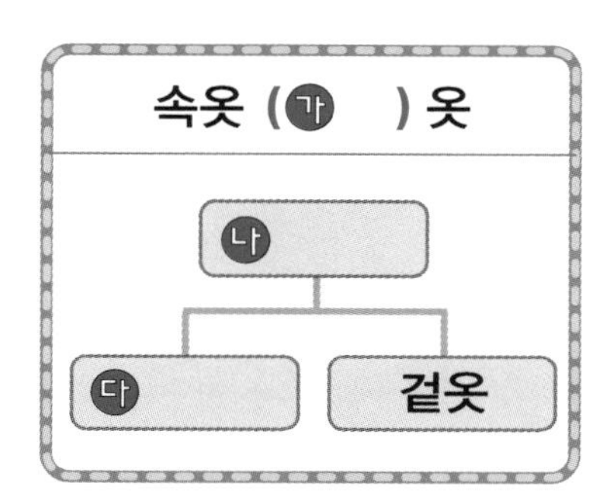

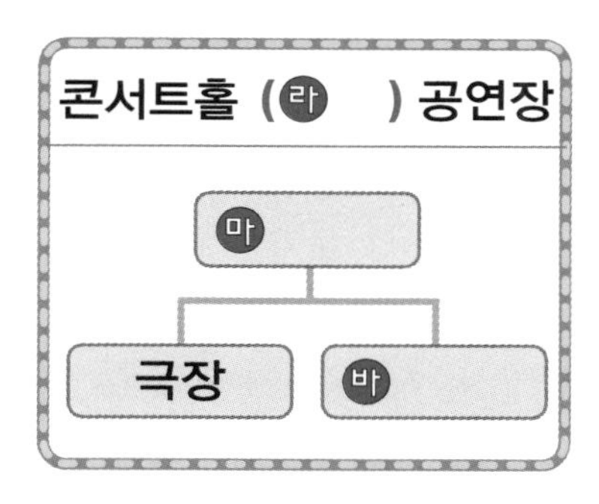

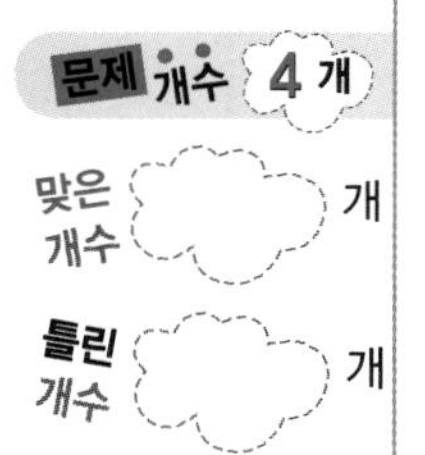

짝을 이루는 말을 찾아 동그라미 하고, 그 말의 뜻을 보기에서 찾아 번호를 쓰세요.

문제 개수 4 개

맞은 개수 ( ) 개
틀린 개수 ( ) 개

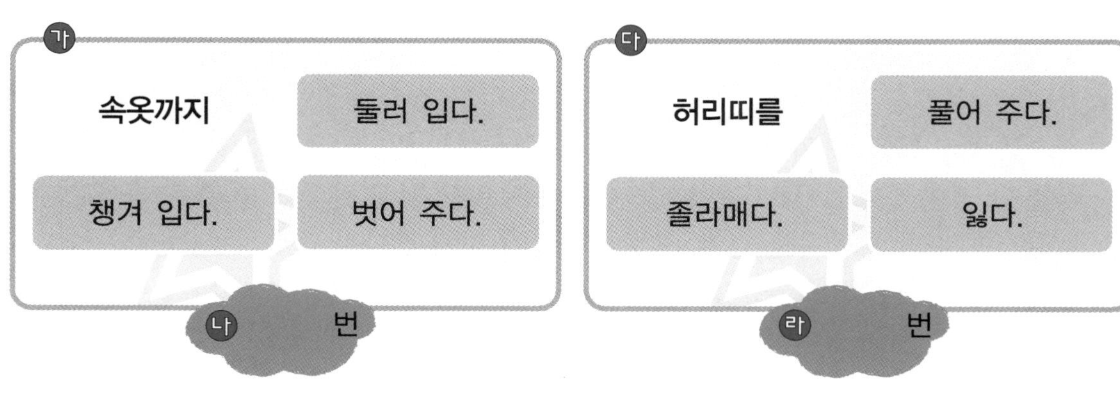

보기
① 마음먹은 일을 이루려고 새로운 결의와 단단한 각오로 일에 임하다.
② 지나치게 선심을 씀.

다음 ㉮~㉱의 ( )에 알맞은 낱말을 보기에서 찾아 번호를 쓰고, ㉲의 질문에 답해 보세요.

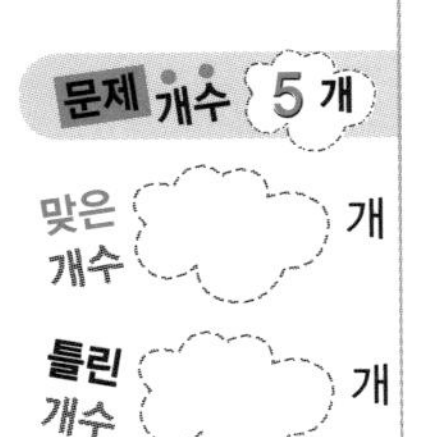

㉮ 겨울에는 춥지 않게 (   )을 두툼한 것으로 입는다.

㉯ 엄마 몰래 컴퓨터 게임을 하다가 문 소리에 (   ) 컴퓨터를 껐다.

㉰ 우리 반 진수는 늘 어려운 사람 돕기에 열심이므로 다른 사람의 (   )이 된다.

㉱ 그림을 그리는 이모의 (   )가 있어서 미술관에 다녀왔다.

㉲ '허리띠를 졸라매다'를 넣어 스스로 짧은 글을 지어 보세요.

→

보기 ① 허둥지둥 ② 모범 ③ 전축 ④ 허리띠 ⑤ 겉옷 ⑥ 전시회

총 문제 개수 25 개 | 총 맞은 개수 개 | 총 틀린 개수 개

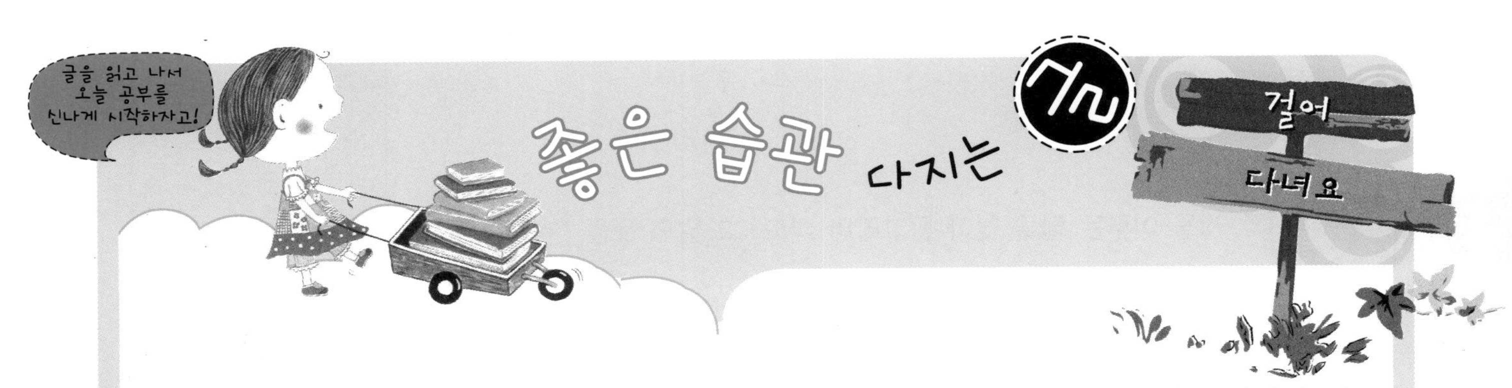

요즘에는 집에 다 차가 있어서 코앞에 있는 병원에도 차를 타고 가요. 예전에는 웬만한 거리는 다 걸어서 다녔어요. 아이들도 마찬가지였죠. 학교 갔다 오는 길은 놀이로 가득했어요.

길가에 자란 강아지풀 뜯어 손바닥 사이에 끼워 강아지 꼬리처럼 가지고 놀고, 까마중 같은 열매도 따 먹었지요. 아카시아 이파리로 가위바위보 해서 누가 먼저 떼나 시합도 하고요. 놀이에 빠져 힘든 줄도 모르고 걷다 보면 어느새 집에 도착해요. 학교에서 혼나도 이것저것 보면서 걸어오다 보면 혼난 일은 다 잊고 신나게 집으로 뛰어가지요. 길에서 놀다 보면 저절로 생물을 공부하게 된답니다. 이렇게 아이들은 길에서 놀기도 하고 배우기도 하며 자랐답니다. 여러분도 걸어 보세요. 걷기는 아주 좋은 놀이이자 공부랍니다.

09회 머리 풀어주는 퍼즐

공부를 시작할 때도
준비운동이 필요하다고!
하나둘 하나둘

도전 시간	
00 분	15 초

걸린 시간	
분	초

창의사고력 기초 다지기 정보처리능력 쑥~

보기의 그림과 같은 부분에 동그라미 치고 몇 개인지 세어 보세요.

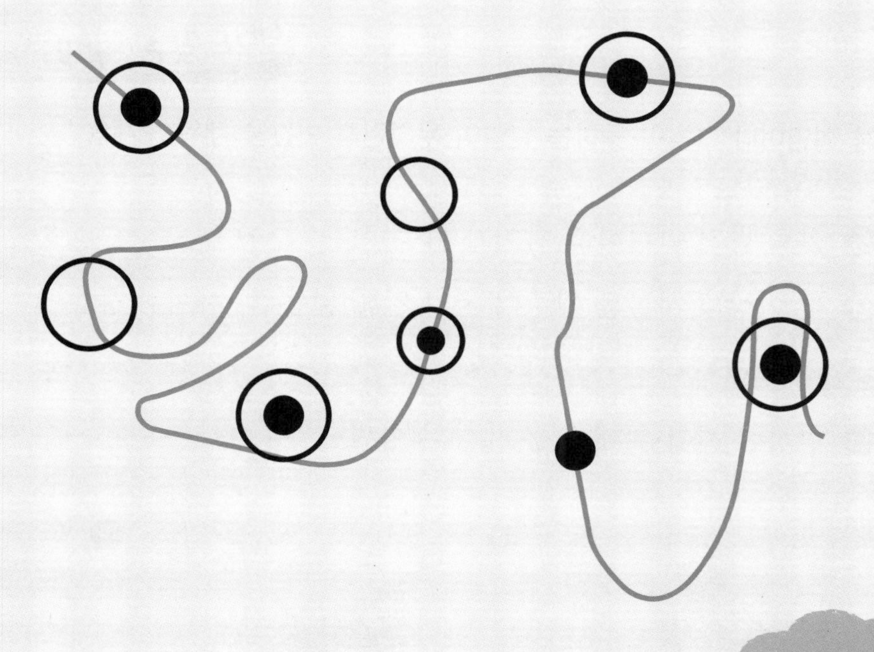

개

도전시간 11 분 00 초

걸린시간 분 초

1 가로세로 낱말 찾기

다음 네모에서 알고 있는 낱말을 찾아 동그라미를 해 보세요.

★	빛	배	꼽	시	계
낮	과	밤	★	절	★
세	어	차	번	비	공
상	둠	이	데	교	기
다	른	점	기	물	총

2 낱말 뜻 알기

다음 설명이나 그림이 뜻하는 낱말이 무엇인지 빈칸을 채워 보세요.

문제 개수 6 개

맞은 개수 개

틀린 개수 개

가 서로 같지 아니하고 차이가 나는 점 ··················· ☐☐점

나 둘 이상의 사물을 견주어 서로 간의 닮은점, 차이점 등을 살펴 생각하는 일 ··················· ☐☐

다 일정한 시기나 때 또는 세상의 형편 ··················· ☐☐

라

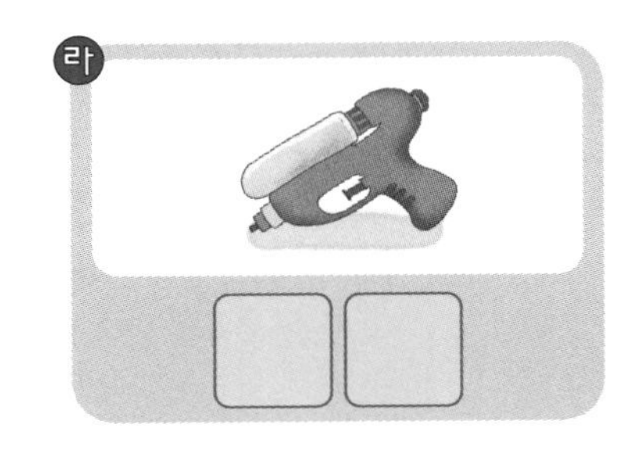

☐☐

마

☐과☐

바

☐☐시계

다음에서 비슷한 뜻끼리 짝지어진 것에는 '='로, 반대의 뜻끼리 짝지어진 것에는 '↔'로 나타내거나, 부호에 알맞게 낱말을 채워 보세요.

문제 개수 4 개
맞은 개수 개
틀린 개수 개

다른 점	=	(㉮)
세상	(㉯)	천하

빛	(㉰)	어둠
비교	(㉱)	대비

낱말의 포함 관계에 따라 '<', 또는 '>'로 나타내고, 그림의 위치에 알맞게 낱말을 넣어 보세요.

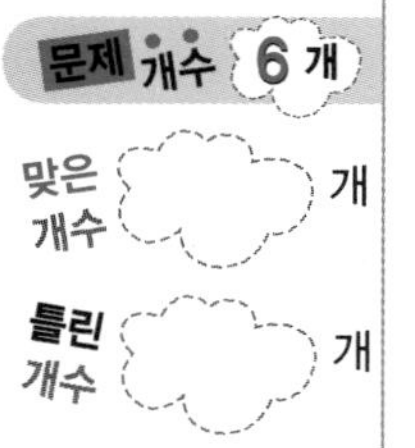

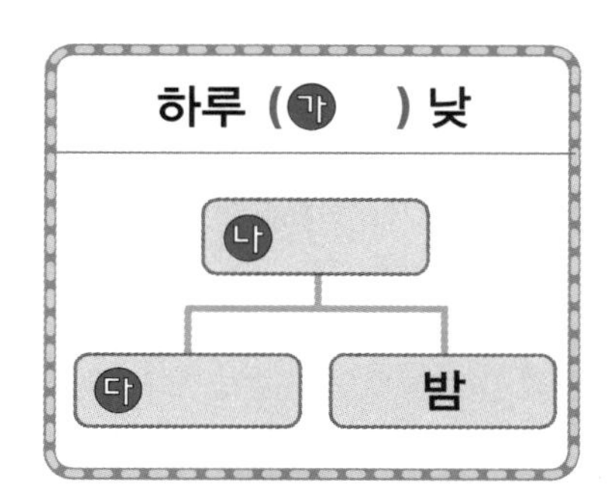

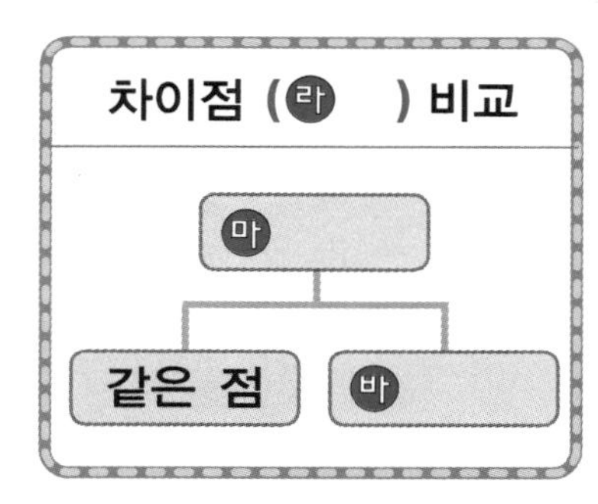

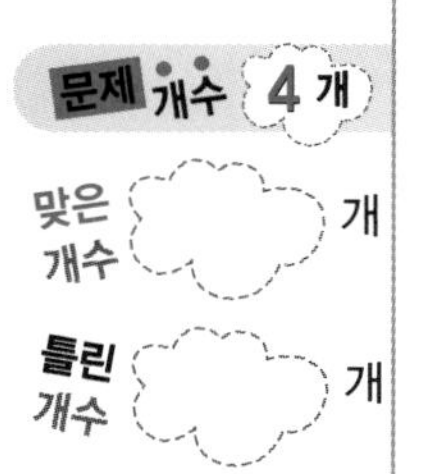

짝을 이루는 말을 찾아 동그라미 하고, 그 말의 뜻을 보기에서 찾아 번호를 쓰세요.

문제 개수 4 개
맞은 개수 개
틀린 개수 개

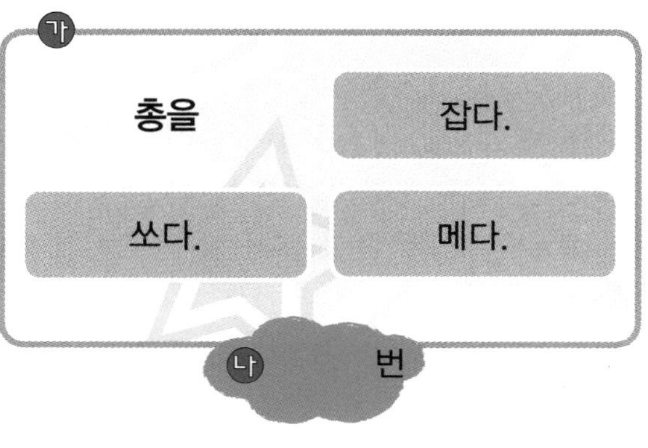

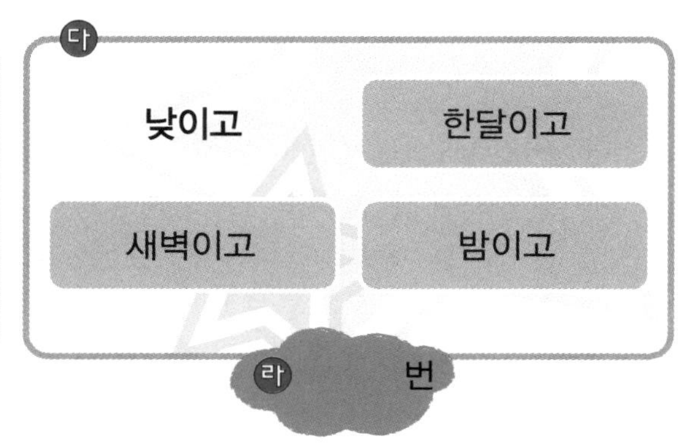

보기
① 언제나 늘.
② 무기를 들고 싸움에 나서다.

다음 가 ~ 라 의 ( )에 알맞은 낱말을 보기 에서 찾아 번호를 쓰고, 마 의 질문에 답해 보세요.

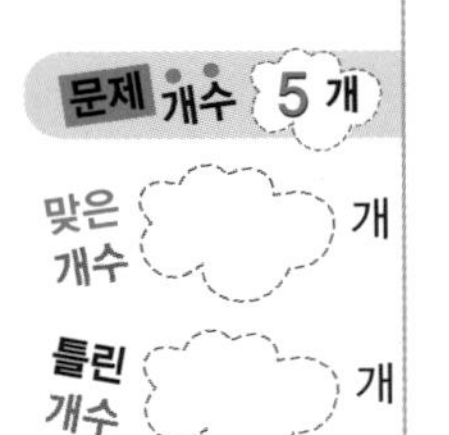

가 점심시간이 다가오니 배에서 소리가 나는 것이 내 (   )가 움직이나 보다.

나 나는 나인데, 엄마는 자꾸 옆집 현식이랑 (   )를 하신다.

다 아빠가 어린 (   )에는 먹을 것이 넉넉지 않았다고 한다.

라 나는 우리 엄마가 (   )에서 제일 좋다.

마 '낮이고 밤이고' 를 넣어 스스로 짧은 글을 지어 보세요.

➜ ______________________________

보기 ① 다른 점 ② 비교 ③ 시절 ④ 배꼽시계 ⑤ 세상 ⑥ 빛

총 문제 개수 25 개 | 총 맞은 개수 개 | 총 틀린 개수 개

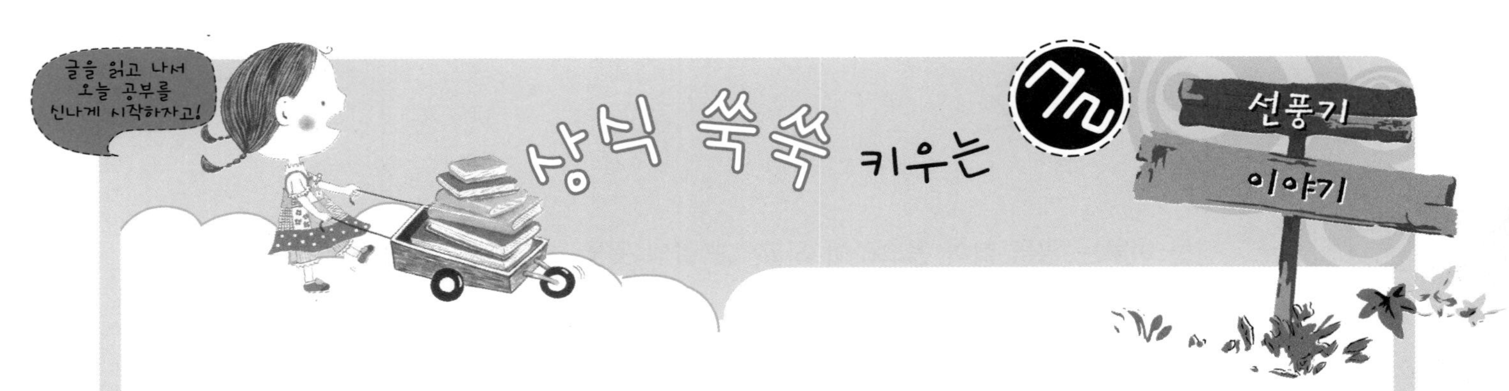

여름 방학은 아직도 멀었는데 날이 더워요. 학교 앞 문방구에는 슬러시도 팔고 손에 잡히는 앙증맞은 선풍기도 팔고 있어요. 영우는 도라에몽 캐릭터가 있는 그 선풍기가 너무나 갖고 싶었어요. 큰맘 먹고 용돈으로 샀는데 집에 오는 길에 벌써 돌아가지 않는 거예요.

엄마한테 꾸중을 들을까 봐 얼른 고쳐 놓으려고 했어요. 선풍기를 뜯어 놓고 보니 날개 좌우가 수평하지 않고 경사지게 붙어 있었어요. 집 선풍기도 날개 자체가 경사지게 붙어 있었네요. 삼촌은 날개가 경사져야, 바람의 방향이 사람 쪽을 향해 올 수 있다고 설명해 주었어요. 배 앞에 스크루가 돌면서 앞으로 나아가는 것도 같은 원리라고 해요.

영우는 삼촌한테 고장난 선풍기를 고쳐 달라고 했어요. 이리저리 맞춰 보더니 삼촌은 "가서 건전지 사 와라. 건전지가 다 됐어." 이러시는 거예요.

도전 시간		걸린 시간	
00 분	15 초	분	초

같은 줄에 있는 숫자의 합이 10이 되도록 빈칸에 들어갈 숫자를 생각해 보세요.

도전시간 12 분 00 초 | 걸린시간 분 초

1 가로세로 낱말 찾기

다음 네모에서 알고 있는 낱말을 찾아 동그라미를 해 보세요.

어	항	빠	끔	개	★
름	여	렷	이	울	부
치	행	연	못	가	끄
신	바	람	혼	자	럽
문	★	부	드	럽	다

내가 찾은 낱말 개

2 낱말 뜻 알기

다음 설명이나 그림이 뜻하는 낱말이 무엇인지 빈칸을 채워 보세요.

문제 개수 6 개

맞은 개수 개

틀린 개수 개

㉮ 작은 구멍이나 틈 따위가 깊고 또렷하게 나 있는 모양 .... ☐☐

㉯ 신이 나서 우쭐우쭐하여지는 기운 .... ☐☐람

㉰ 양심에 거리끼어 볼 낯이 없거나 매우 떳떳하지 못하다 .... ☐☐럽다

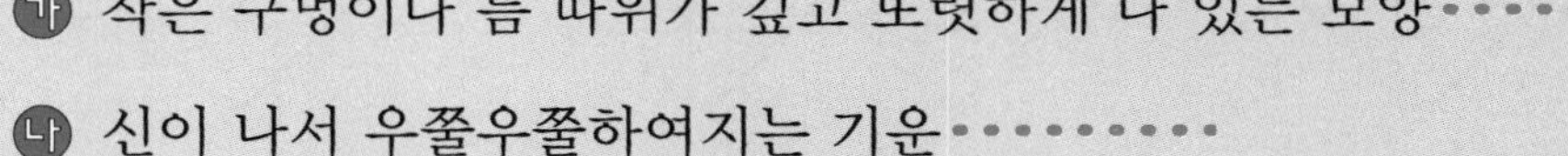

㉱
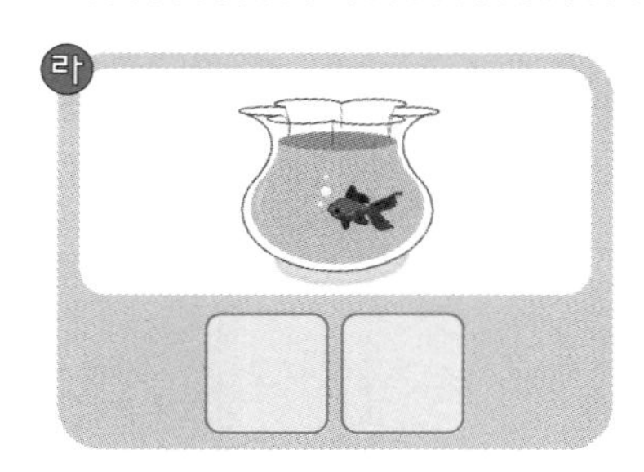
☐☐

㉲

☐☐

㉳

☐☐

3 비슷한 말 반대말 알기

다음에서 비슷한 뜻끼리 짝지어진 것에는 '='로, 반대의 뜻끼리 짝지어진 것에는 '↔'로 나타내거나, 부호에 알맞게 낱말을 채워 보세요.

신명	=	(가)
여행	(나)	유람

혼자	(다)	여럿이
부드럽다	(라)	거칠다

4 큰 말 작은 말 알기

낱말의 포함 관계에 따라 '<', 또는 '>'로 나타내고, 그림의 위치에 알맞게 낱말을 넣어 보세요.

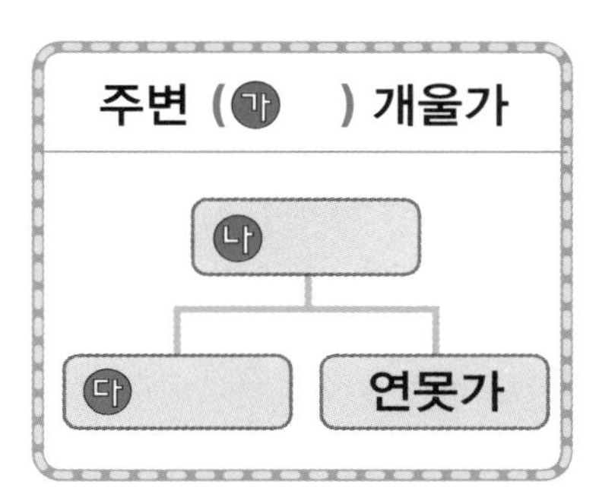

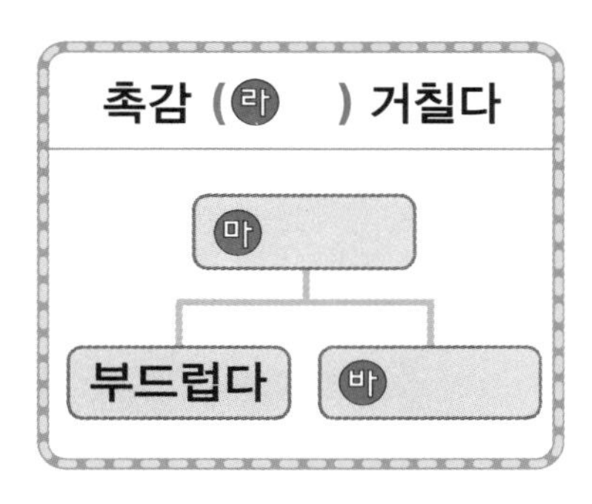

5 짝을 이루는 말 찾기

짝을 이루는 말을 찾아 동그라미 하고, 그 말의 뜻을 보기에서 찾아 번호를 쓰세요.

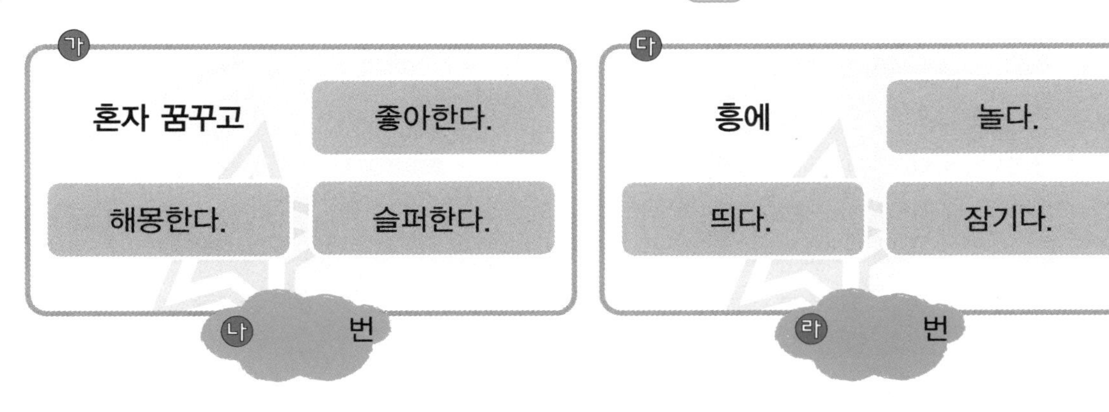

보기
① 누구도 모르게 저 혼자서 결심하고 일을 처리함.
② 흥에 겨워서 마음이 들뜨다.

6 낱말 활용하기

다음 가 ~ 라 의 ( )에 알맞은 낱말을 보기 에서 찾아 번호를 쓰고, 마 의 질문에 답해 보세요.

문제 개수 5 개

맞은 개수 (　　) 개

틀린 개수 (　　) 개

가 (　　　　)에 올챙이 한 마리 꼬물꼬물 헤엄치다. 뒷다리가 쑥!

나 장난감을 사 준다는 말에 동생은 (　　　　)이 나서 뛰어나갔다.

다 나는 (　　　　)을 많이 타서 사람들 앞에 서면 얼굴이 빨개진다.

라 (　　　　)은 매일 매일 새로운 소식을 알려준다.

마 '빠끔' 을 넣어 스스로 짧은 글을 지어 보세요.

➜ --

보기 ① 빠끔　② 신바람　③ 부끄러움　④ 개울가　⑤ 신문　⑥ 여행

총 문제 개수 25 개 | 총 맞은 개수 (　　) 개 | 총 틀린 개수 (　　) 개

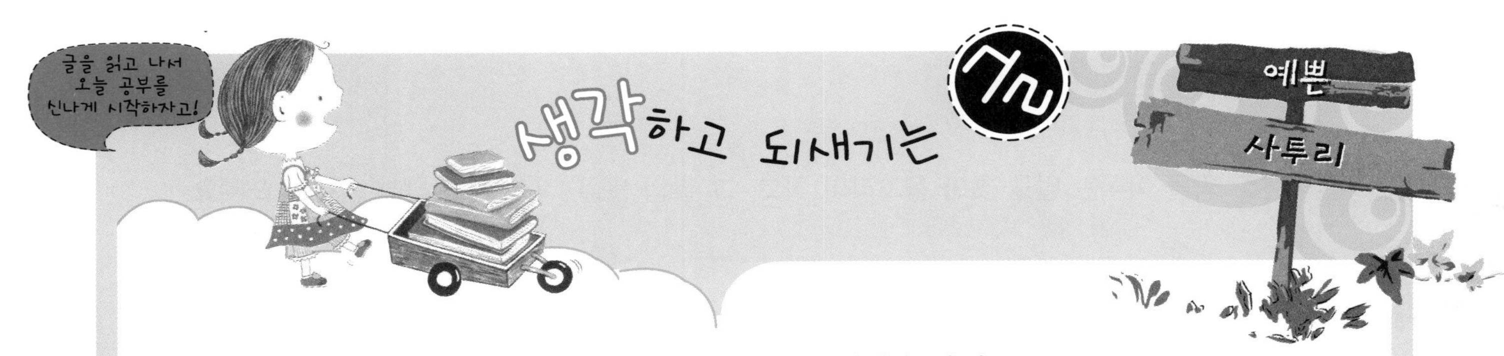

몽이는 지난 여름 방학에 할머니와 함께 제주도로 여행을 갔어요.
뒤로는 한라산, 앞으로는 푸른 바다가 펼쳐진 멋진 곳이었어요.
그때 묵었던 펜션 앞 평상에 앉아 할머니가 혼잣말을 했어요.
"산이영 바당이영 몬딱 좋은 게 마씀(산이랑 바다랑 모두가 좋다는 뜻의 제주도 사투리)."
몽이는 할머니 말을 도통 알아들을 수가 없었어요.
TV에서 나오는 사투리는 대충 무슨 뜻인지 알 수 있었는데 말이죠.
그런데도 '산이영' '바당이영' 하는 말들이 돌돌 구르는 것 같아서 참 예쁘다고 생각했어요.
그래서 할머니가 오실 때마다 조금씩 이 예쁜 말을 배우기로 마음먹었답니다.

머리 풀어주는 퍼즐

도전 시간		걸린 시간	
00 분	15 초	분	초

창의사고력 기초 다지기 주의집중력 쑥~

집에 가는 길에 건물들이 있습니다. 동그라미가 가장 많은 건물은 몇 번일까요?

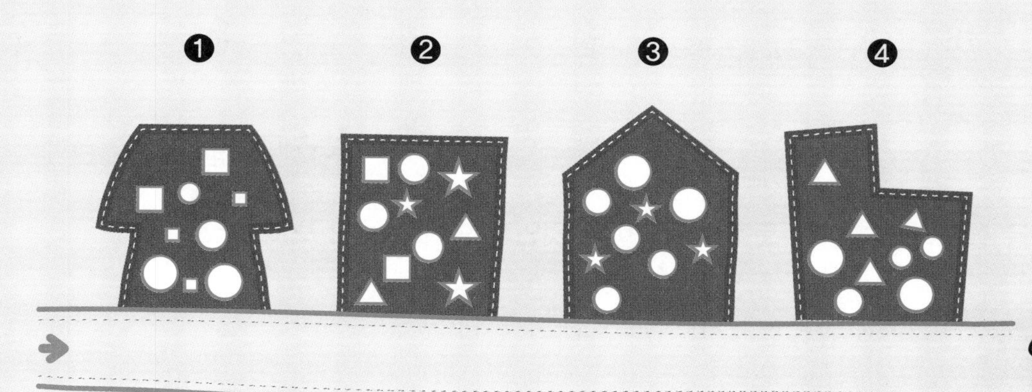

번

도전시간 12 분 00 초 걸린시간 분 초

1 가로세로 낱말 찾기

다음 네모에서 알고 있는 낱말을 찾아 동그라미를 해 보세요.

여기서 찾은 낱말로 2~6번 문제를 풀어요!

딴	생	각	대	서	단
마	뒷	★	견	츠	추
지	정	상	스	러	운
못	리	★	럽	더	럭
해	당	번	다	뒤	축

내가 찾은 낱말 개

2 낱말 뜻 알기

다음 설명이나 그림이 뜻하는 낱말이 무엇인지 빈칸을 채워 보세요.

문제 개수 6 개

맞은 개수 개

틀린 개수 개

가 보기에 흐뭇하고 자랑스러운 데가 있다 ······· □□□럽다

나 어떤 생각이나 감정 따위가 갑자기 생기는 모양 ············· □□

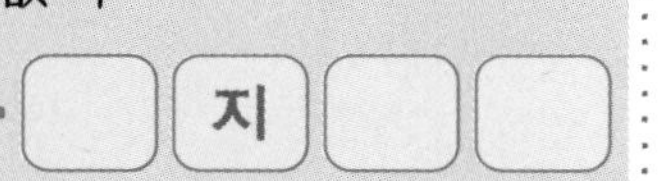

다 마음이 내키지는 않지만 사정에 따라 하지 아니할 수 없어 ·························· □지□□

라

마

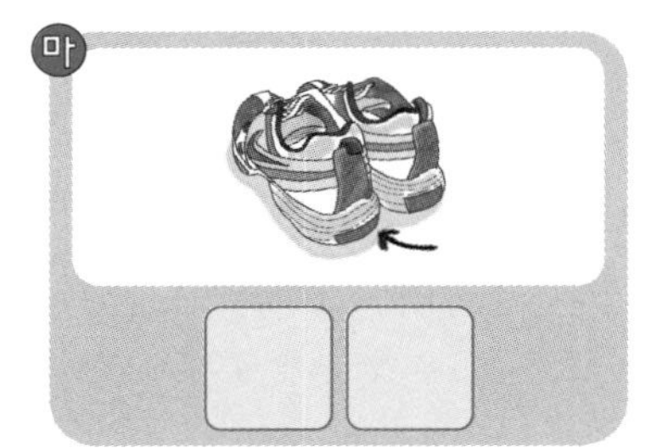

바

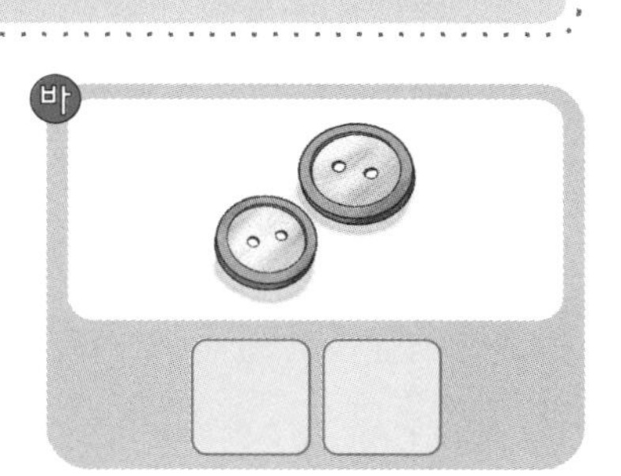

다음에서 비슷한 뜻끼리 짝지어진 것에는 '='로, 반대의 뜻끼리 짝지어진 것에는 '↔'로 나타내거나, 부호에 알맞게 낱말을 채워 보세요.

문제 개수 4 개
맞은 개수 개
틀린 개수 개

지목	=	(㉮)
딴생각	(㉯)	잡념

당번	(㉰)	비번
상스러움	(㉱)	고급스러움

낱말의 포함 관계에 따라 '<', 또는 '>'로 나타내고, 그림의 위치에 알맞게 낱말을 넣어 보세요.

맞은 개수 개
틀린 개수 개

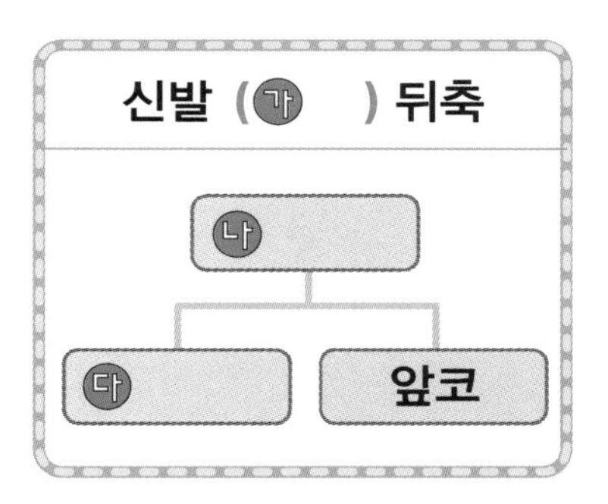

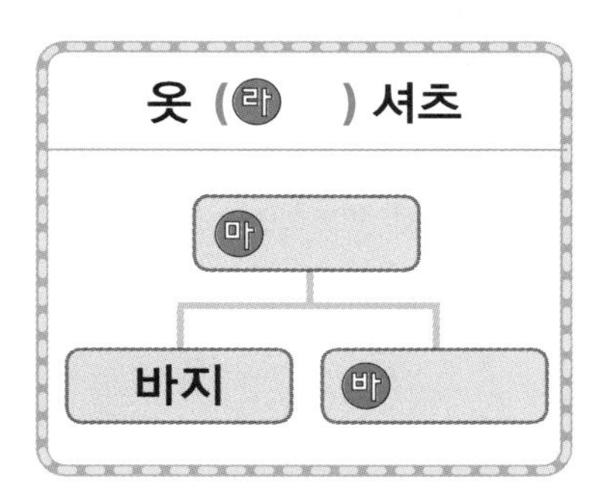

짝을 이루는 말을 찾아 동그라미 하고, 그 말의 뜻을 보기 에서 찾아 번호를 쓰세요.

문제 개수 4 개
맞은 개수 개
틀린 개수 개

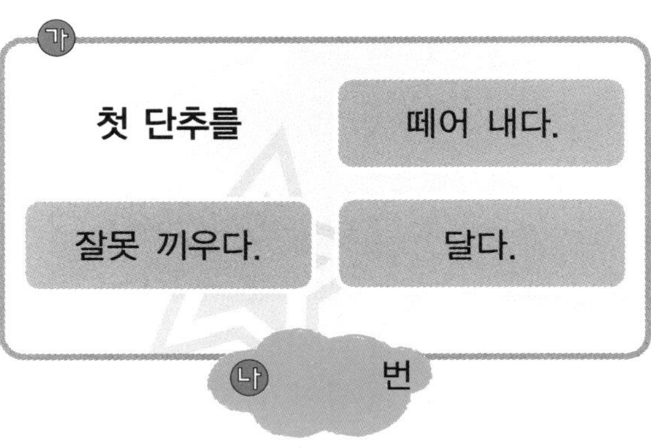

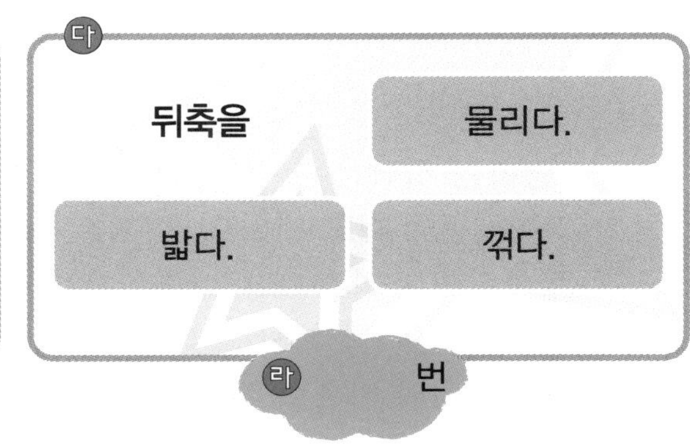

보기
① 꼼짝 못하게 중요한 곳을 잡히다.
② 어떤 일의 시작이 좋지 못하다.

다음 ㉮~㉲의 ( )에 알맞은 낱말을 보기에서 찾아 번호를 쓰고, ㉲의 질문에 답해 보세요.

㉮ 밤이 되어도 혼자 집에 있으려니 (　　　　) 겁이 났다.

㉯ 이제 막 학교에 입학한 동생이 스스로 숙제하는 것을 보니 (　　　　).

㉰ 공부 시간에 (　　　　)을 하다가 선생님께 훈계를 들었다.

㉱ 싸운 친구와 화해하라는 선생님의 말씀에 (　　　　) 손을 잡았다.

㉲ '단추'를 넣어 스스로 짧은 글을 지어 보세요.

➜

보기 ① 대견스러웠다 ② 더럭 ③ 마지못해 ④ 뒤축 ⑤ 뒷정리 ⑥ 딴생각

총 문제 개수 25 개 | 총 맞은 개수 　 개 | 총 틀린 개수 　 개

사랑하는 사람은 늘 곁에 있어서 귀한 줄 몰라요. 동생은 얄미울 때가 많고, 엄마 잔소리 때문에 짜증날 때도 많아요. 아빠는 너무 바빠서 주말에만 아빠예요. 그러니 동생을 쥐어박고, 엄마한테는 짜증이고, 아빠한테는 할 말이 별로 없어요. 하지만 기분 나쁘거나 아프면 가족 생각이 나요. 날 걱정해 주기를 기대하지요. 다른 식구들도 이럴 때가 있을 거예요.

이럴 때 나와 가족의 특별한 사랑 표현을 만들어 봐요. 동생이 귀여울 때는 동생 코를 쥐고 귀엽다고 말하고, 엄마한테는 가만히 다가가 손을 잡고 눈을 찡긋하고, 아빠한테는 뚱뚱한 배를 등 뒤에서 껴안아 보는 건 어떨까요? 아마 알 거예요. 코를 쥐고, 눈을 찡긋하고, 뒤에서 껴안을 때 '내가 당신을 사랑해요.'라고 말한다는 걸 말이에요.

머리 풀어주는 퍼즐

도전 시간	
00 분	15 초

걸린 시간	
분	초

창의사고력 기초 다지기 연상추리력 쑥~

정사각형 색종이를 접어 그림과 같은 모양이 나오려면 어떻게 접어야 할까요? 점선은 접는 선을 가리킵니다.

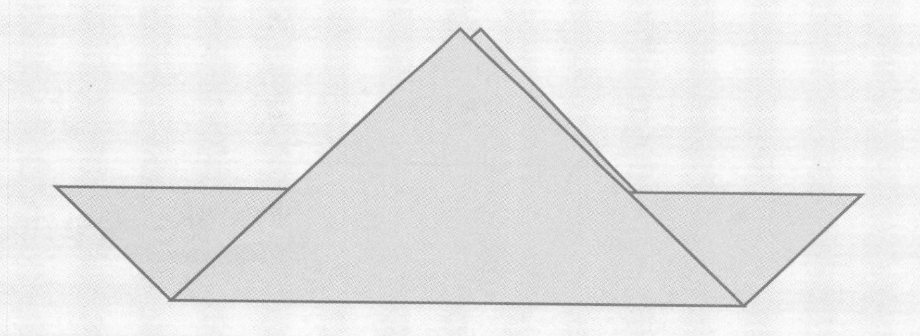

❶ 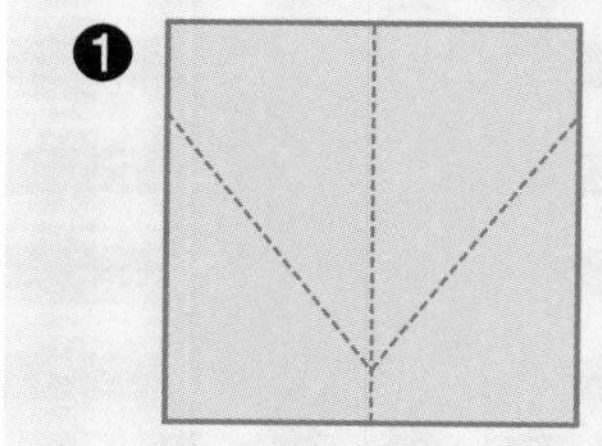
❷ 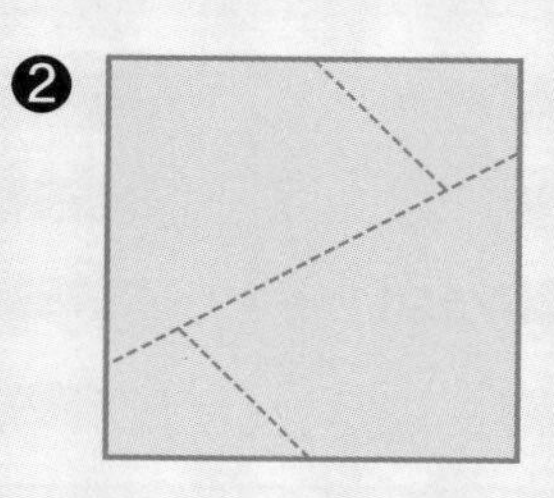
❸ 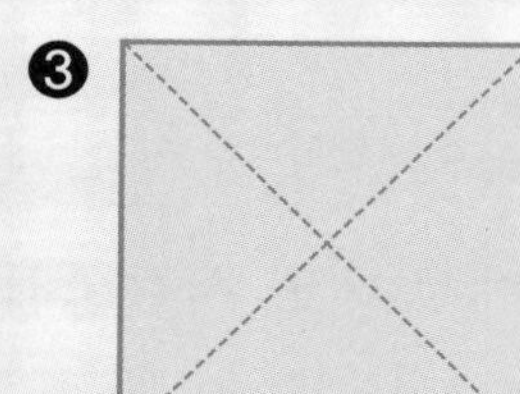
❹ 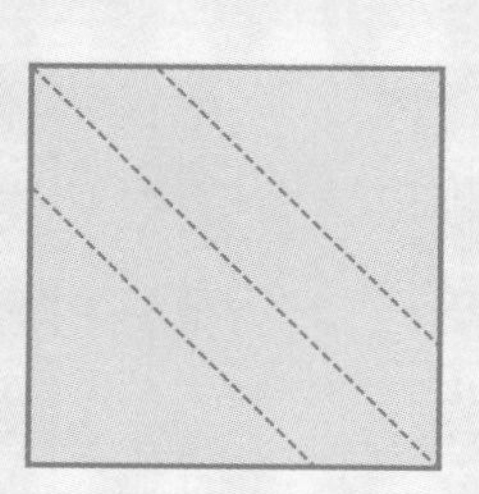

번

도전시간		걸린시간	
15 분	00 초	분	초

1 가로세로 낱말 찾기

다음 네모에서 알고 있는 낱말을 찾아 동그라미를 해 보세요.

★	재	기	★	어	림
수	시	간	소	★	묶
직	각	★	옮	기	다
선	참	여	일	주	일
계	산	식	한	달	년

내가 찾은 낱말 개

2 낱말 뜻 알기

다음 설명이나 그림이 뜻하는 낱말이 무엇인지 빈칸을 채워 보세요.

문제 개수 6 개

맞은 개수 개

틀린 개수 개

㉮ 시간의 흐름에서의 어느 한때 ······ □□

㉯ 어떤 시각에서 어떤 시각까지의 사이 ······ □□

㉰ 어떤 일에 끼어들어 관계함 ······ □□

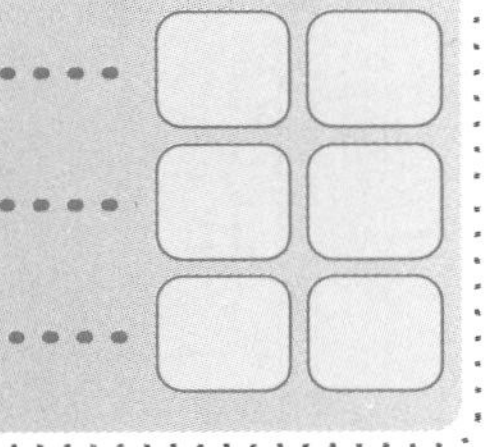

㉱
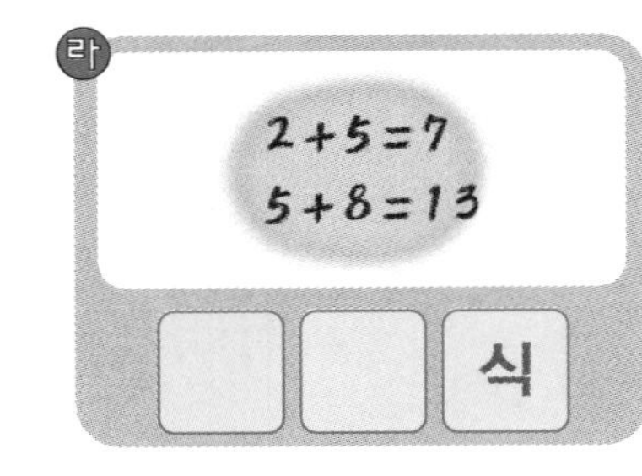

□□식

㉲
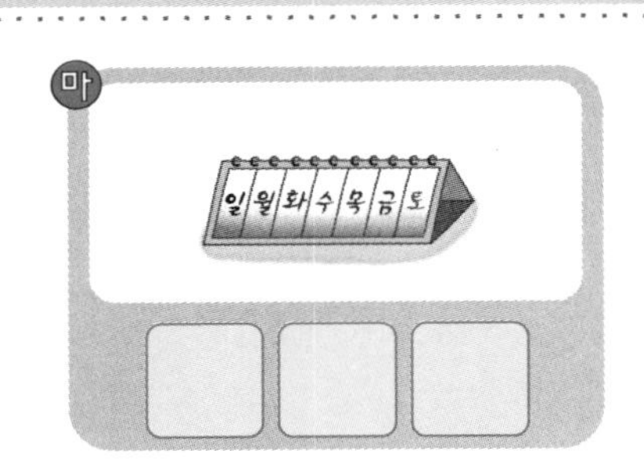

□□□

㉳
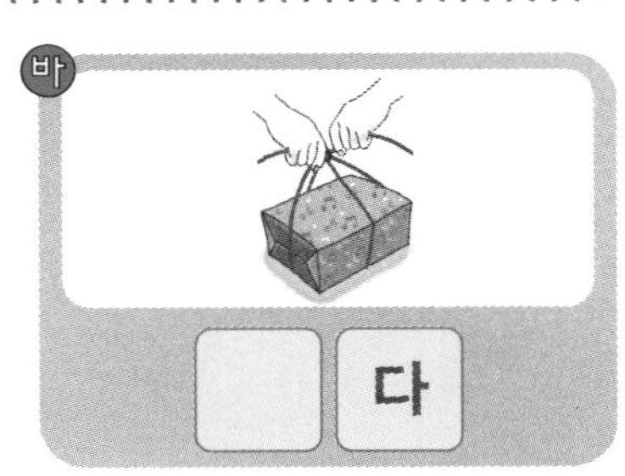
□다

문제 개수 4 개

맞은 개수 개

틀린 개수 개

다음에서 비슷한 뜻끼리 짝지어진 것에는 '='로, 반대의 뜻끼리 짝지어진 것에는 '↔'로 나타내거나, 부호에 알맞게 낱말을 채워 보세요.

소외	↔	(㉮)
일 년	(㉯)	한 해

옮기다	(㉰)	이동하다
묶다	(㉱)	풀다

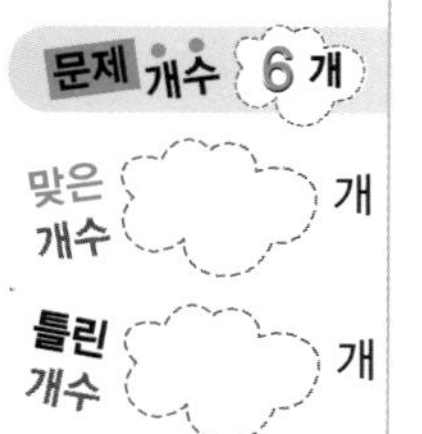

낱말의 포함 관계에 따라 '<', 또는 '>'로 나타내고, 그림의 위치에 알맞게 낱말을 넣어 보세요.

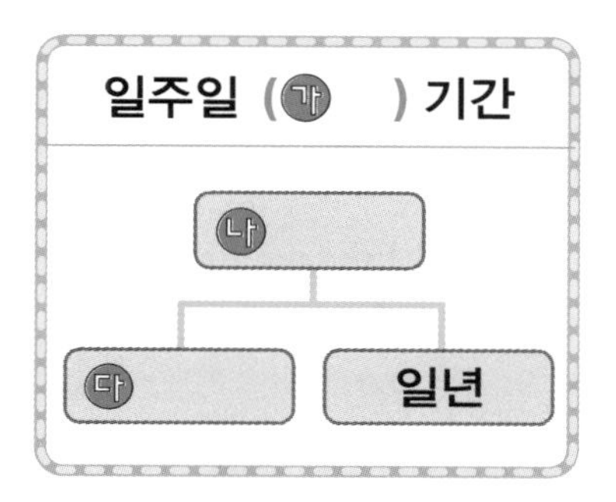

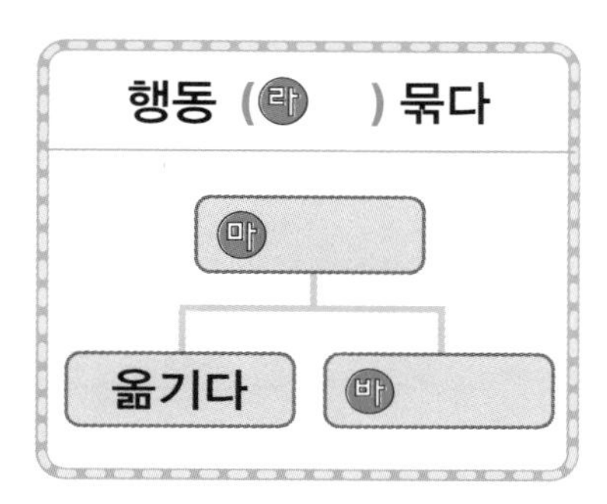

5 짝을 이루는 말 찾기

짝을 이루는 말을 찾아 동그라미 하고, 그 말의 뜻을 보기에서 찾아 번호를 쓰세요.

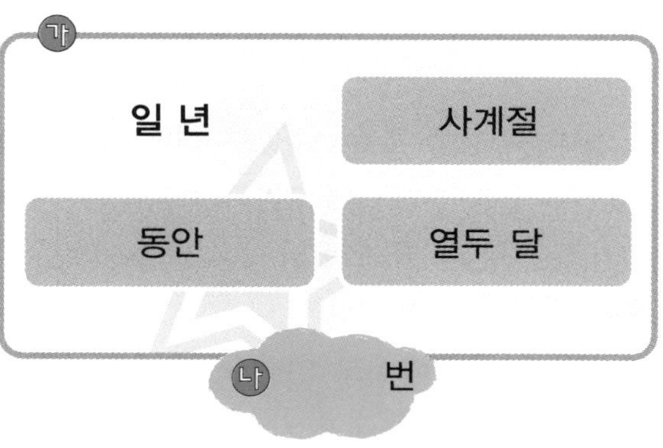

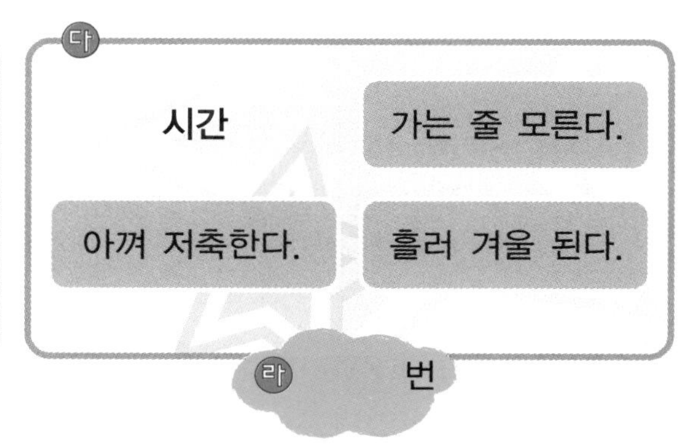

보기

① 일 년 내내를 강조하여 이르는 말.

② 몹시 바삐 진행되거나 어떤 일에 몰두하여 시간이 어떻게 지났는지 알지 못하다.

다음 ㉮~㉲의 ( )에 알맞은 낱말을 보기에서 찾아 번호를 쓰고, ㉲의 질문에 답해 보세요.

㉮ 우리나라는 (   ) 에 봄, 여름, 가을, 겨울의 사계절이 있다.

㉯ 지금 (   )은 11시 57분입니다.

㉰ 숙제를 하는 데 3(   )이나 걸렸다.

㉱ 나는 자리를 이쪽에서 저쪽으로 (   ).

㉲ '일 년 열두 달'을 넣어 스스로 짧은 글을 지어 보세요.

➜ --

보기 ① 시각 ② 시간 ③ 참여 ④ 일 년 ⑤ 옮겼다 ⑥ 계산식

총 문제 개수 25 개	총 맞은 개수 개	총 틀린 개수 개

1888년 H. R. 헤르츠가 전파라는 것이 있다는 것을 증명했어요. 1896년 G. 마르코니가 처음으로 무선 전신 실험에 성공했어요. 1900년에 고주파 전화기를 발명했고, 1906년 이 무선전화로 음악과 인사를 전파에 실었어요. 이것이 세계 최초의 라디오 방송이에요.

그 뒤 각 나라에 국영 라디오 방송국이 생겨나 전 세계로 퍼져 나갔어요. 1938년에는 세계 최초로 에프엠(FM) 방송이 시작되었고, 1961년에는 스테레오 방송도 시작되었어요. 전 세계적으로 공황이었던 시기에 라디오 방송은 전성기를 맞이했대요.

우리나라에서는 1927년에 첫 방송을 시작했어요. 1960년대에서 70년대, 음악 방송으로 전성기를 맞이했으나 그 뒤 텔레비전의 보급으로 많이 쇠퇴했어요. 그러나 마이카 시대를 맞이하면서 자동차에서 라디오를 듣는 사람들이 많아졌어요. 그래서 라디오는 다시 제2의 전성기를 맞이하고 있답니다.

머리 풀어주는 퍼즐

공부를 시작할 때도 준비운동이 필요하다고! 하나둘 하나둘

도전 시간		걸린 시간	
00 분	15 초	분	초

창의사고력 기초 다지기 판단 능력 쑥~

화살표를 따라 길을 가면 마지막에 들어갈 그림은 무엇일까요?

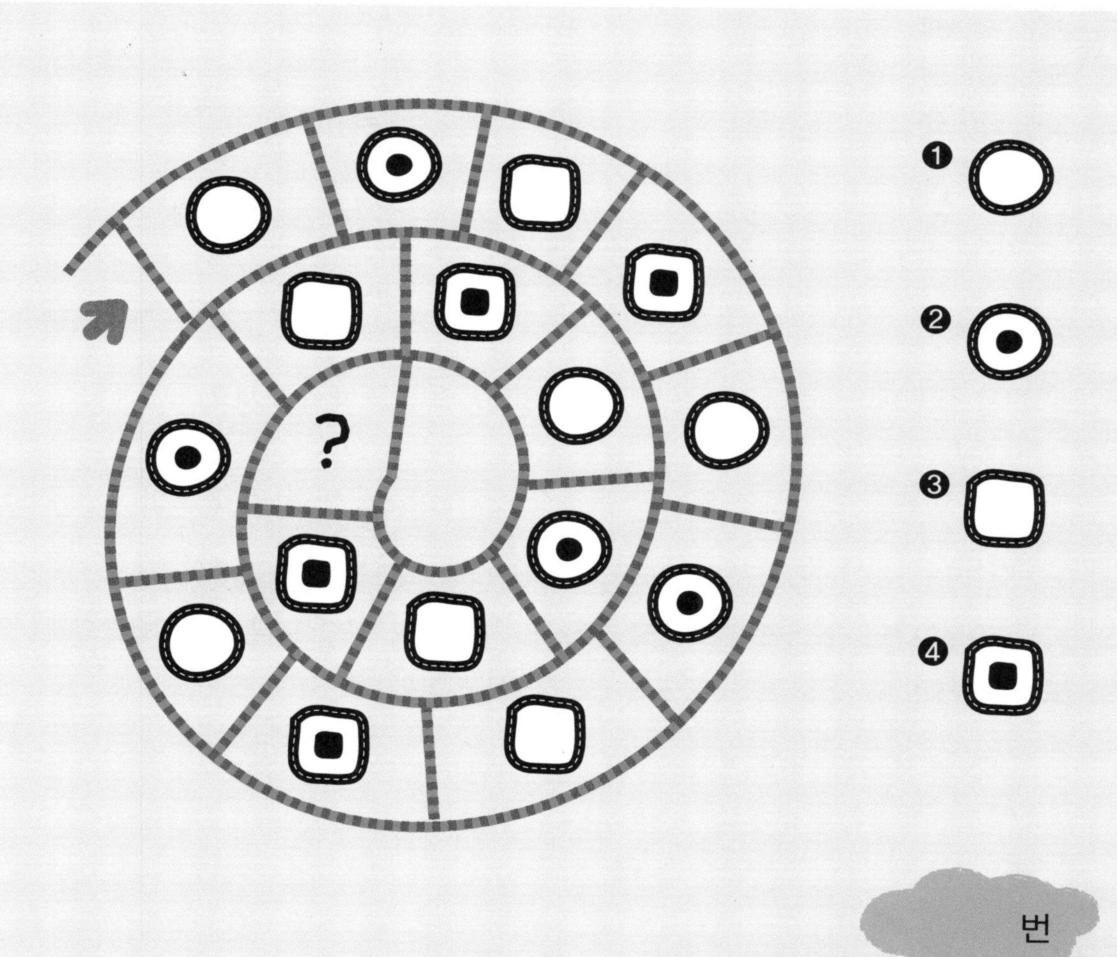

번

도전시간		걸린시간	
15 분	00 초	분	초

1 가로세로 낱말 찾기

다음 네모에서 알고 있는 낱말을 찾아 동그라미를 해 보세요.

구	덩	이	갈	대	밭
슬	서	민	나	무	꾼
비	당	속	선	오	훈
개	미	촌	녀	색	장
암	갓	가	지	실	님

내가 찾은 낱말 개

2 낱말 뜻 알기

다음 설명이나 그림이 뜻하는 낱말이 무엇인지 빈칸을 채워 보세요.

㉮ 민속을 보존하고 전시할 목적으로 자료가 될 만한 것을 모아 만든 마을
□ □ 촌

㉯ 파랑, 노랑, 빨강, 하양, 검정의 다섯 가지 빛깔 또는 여러 빛깔의 실
□ □ □

㉰ 이런저런 여러 가지 □ □ □

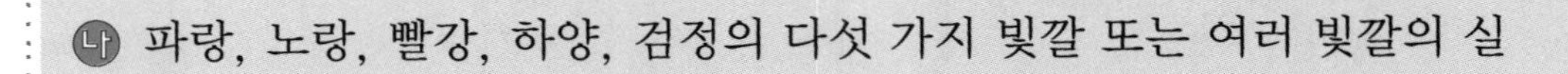

㉱

□ □ □

㉲

□ □ 님

㉳

□ □

3 비슷한 말 반대말 알기

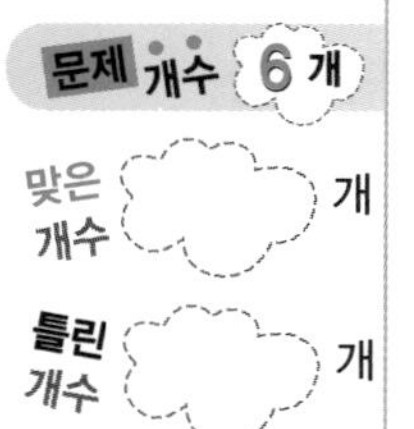

문제 개수 4 개
맞은 개수 개
틀린 개수 개

다음에서 비슷한 뜻끼리 짝지어진 것에는 '='로, 반대의 뜻끼리 짝지어진 것에는 '↔'로 나타내거나, 부호에 알맞게 낱말을 채워 보세요.

가지가지	=	(㉮)
서민	(㉯)	귀족

구덩이	(㉰)	참호
민속촌	(㉱)	첨단 도시

4 큰 말 작은 말 알기

문제 개수 6 개
맞은 개수 개
틀린 개수 개

낱말의 포함 관계에 따라 '<', 또는 '>'로 나타내고, 그림의 위치에 알맞게 낱말을 넣어 보세요.

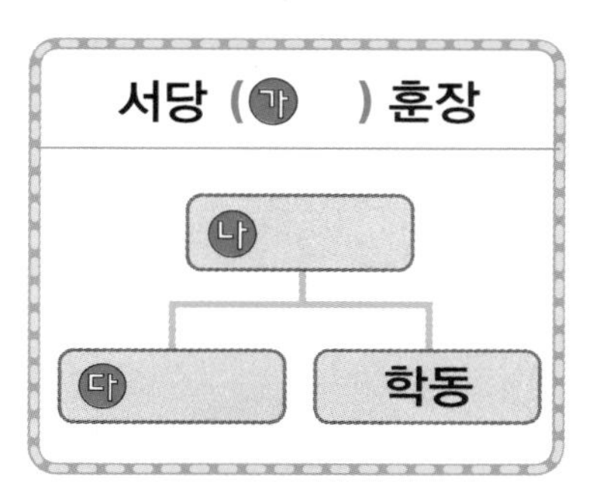

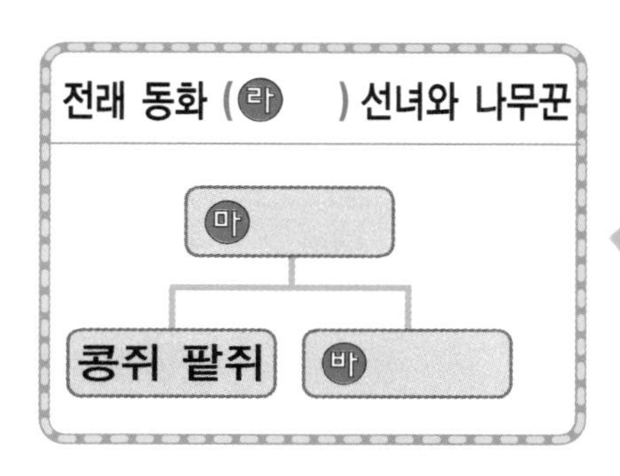

5 짝을 이루는 말 찾기

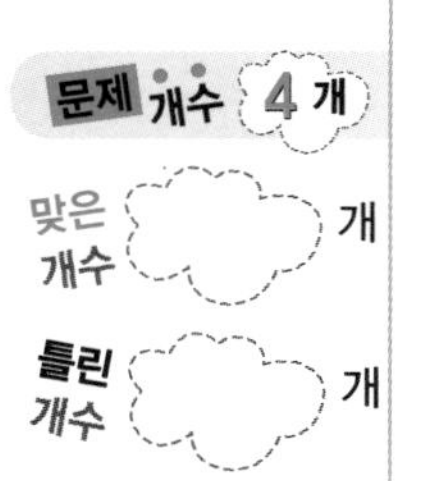

문제 개수 4 개
맞은 개수 개
틀린 개수 개

짝을 이루는 말을 찾아 동그라미 하고, 그 말의 뜻을 보기에서 찾아 번호를 쓰세요.

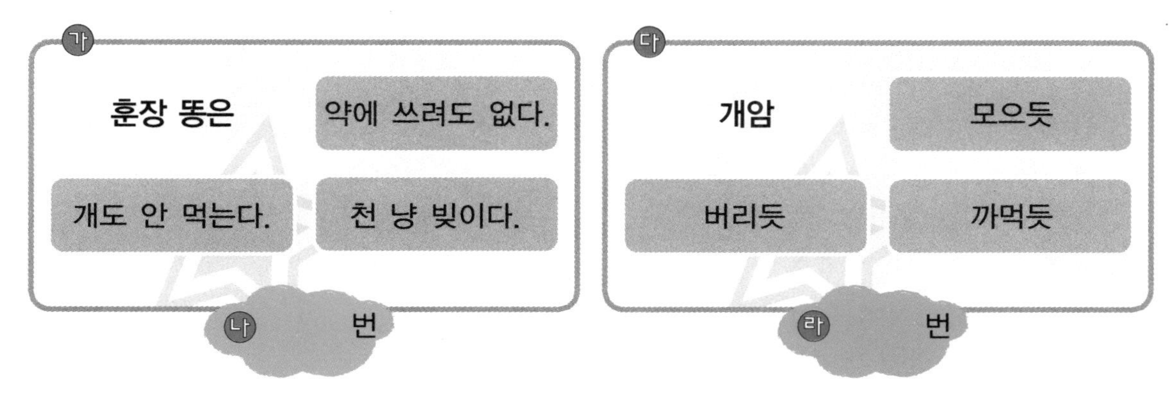

보기
① 물건을 저축하지 않고 생기는 대로 모두 써 버리는 일.
② 애탄 사람의 똥은 매우 쓰다는 뜻으로 선생 노릇이 매우 힘들다는 말.

다음 ㉮~㉱의 ( )에 알맞은 낱말을 보기에서 찾아 번호를 쓰고, ㉲의 질문에 답해 보세요.

㉮ 옛날 분위기를 내야 하는 사극은 대부분 (   )에서 촬영한다고 해.

㉯ 비가 와서 (   )에 물이 고여 지나다니기에 불편했다.

㉰ 진수의 생일잔치에 갔더니 상 위에 (   ) 음식이 차려져 있었다.

㉱ 옛날 서당의 (   )은 지금 학교 선생님과 같아.

㉲ '개암 까먹듯' 를 넣어 스스로 짧은 글을 지어 보세요.

➜ --

보기 ① 개암 ② 갖가지 ③ 나무꾼 ④ 훈장님 ⑤ 구덩이 ⑥ 민속촌

총 문제 개수 25 개 | 총 맞은 개수 개 | 총 틀린 개수 개

세상에 있는 언어에 욕이 없는 언어는 없다고 해요.
아마도 욕도 필요하니까 생겨난 말이겠지요.
그런데 요즘에는 욕이 그저 습관적으로 쓰이니 안타까워요.
욕을 쓰지 않고 고운 말을 쓰는 친구를 무시하기도 해요.
하지만 말은 습관이에요.
자기가 생각하기에도 어처구니없는 실수를 하기도 해요.
욕은 하지도 말고 먹지도 마세요.
그렇지만 올바른 일이라면 욕먹을 각오를 하고라도 꼭 해야지요.
그리고 욕먹어 마땅한 짓을 하는 친구에게 욕할 수 있는 것도 용기랍니다.
그 친구가 자기 힘만 믿고 남을 업신여긴다면 더욱 그렇지요.

14회 머리 풀어주는 퍼즐

도전 시간		걸린 시간	
00 분	15 초	분	초

창의사고력 기초 다지기 정보처리능력 쑥~

㉣ 다음에 올 그림은 어떤 그림일지 보기 에서 골라 보세요.

보기

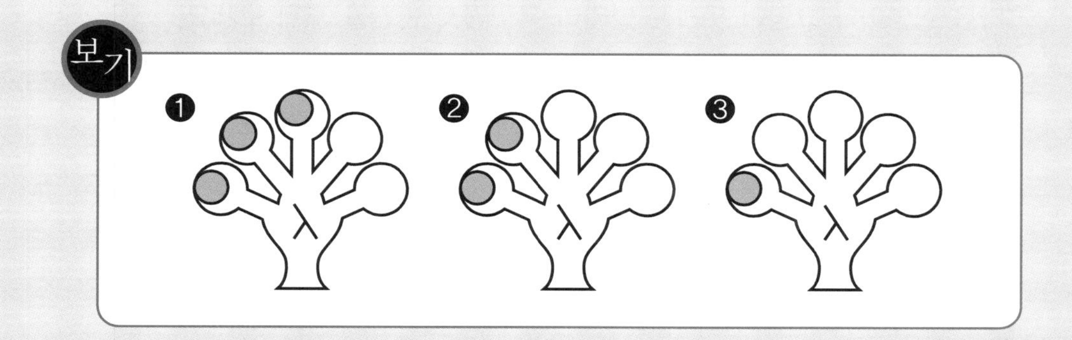

번

도전시간		걸린시간	
10 분	00 초	분	초

1 가로세로 낱말 찾기

다음 네모에서 알고 있는 낱말을 찾아 동그라미를 해 보세요.

몽	당	연	필	방	학
★	번	갈	아	서	랍
보	람	삼	태	기	본
발	살	그	머	니	받
표	불	량	식	품	다

내가 찾은 낱말 ( ) 개

2 낱말 뜻 알기

다음 설명이나 그림이 뜻하는 낱말이 무엇인지 빈칸을 채워 보세요.

문제 개수 6 개

맞은 개수 ( ) 개

틀린 개수 ( ) 개

㉮ 차례를 한 번씩 바꾸어 ········ □□□

㉯ 남이 알아차리지 못하게 살며시 ········ □그□□

㉰ 본보기로 하여 그대로 따라 하다 ········ □□다

㉱

□□연필

㉲

□□

㉳

삼□□

문제 개수 4 개

맞은 개수 개

틀린 개수 개

다음에서 비슷한 뜻끼리 짝지어진 것에는 '='로, 반대의 뜻끼리 짝지어진 것에는 '↔'로 나타내거나, 부호에 알맞게 낱말을 채워 보세요.

살며시	=	(가)
번갈아	(나)	교대로

보람	(다)	효력
방학	(라)	학기

문제 개수 6 개

맞은 개수 개

틀린 개수 개

낱말의 포함 관계에 따라 '<', 또는 '>'로 나타내고, 그림의 위치에 알맞게 낱말을 넣어 보세요.

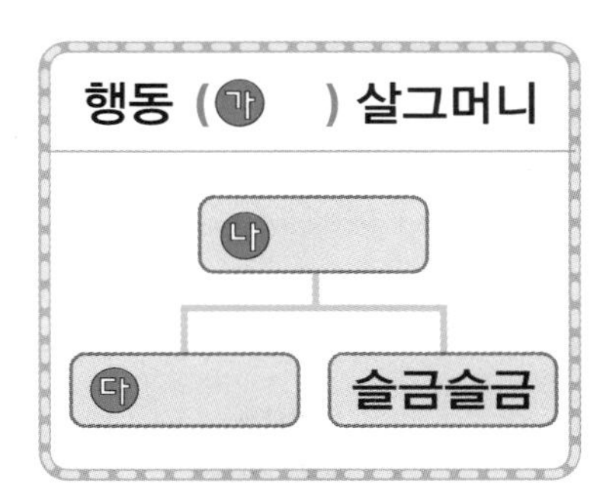

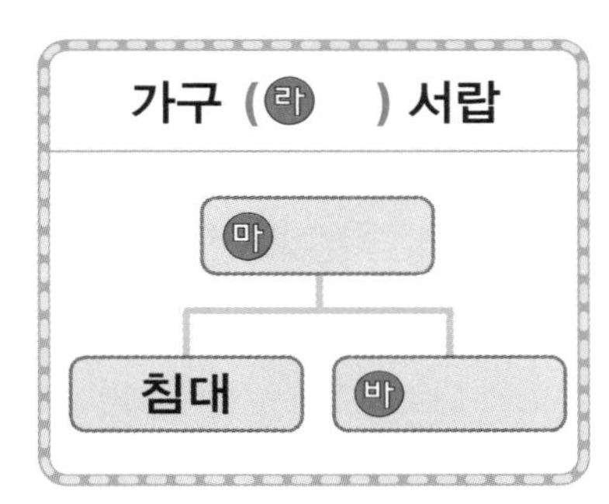

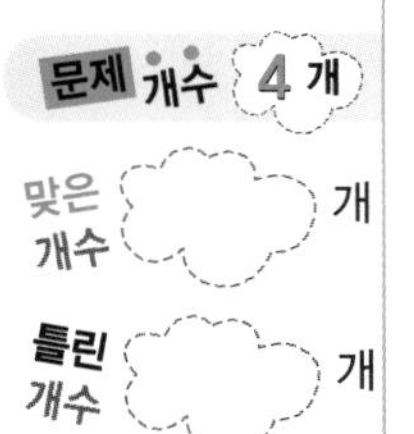

문제 개수 4 개

맞은 개수 개

틀린 개수 개

짝을 이루는 말을 찾아 동그라미 하고, 그 말의 뜻을 보기 에서 찾아 번호를 쓰세요.

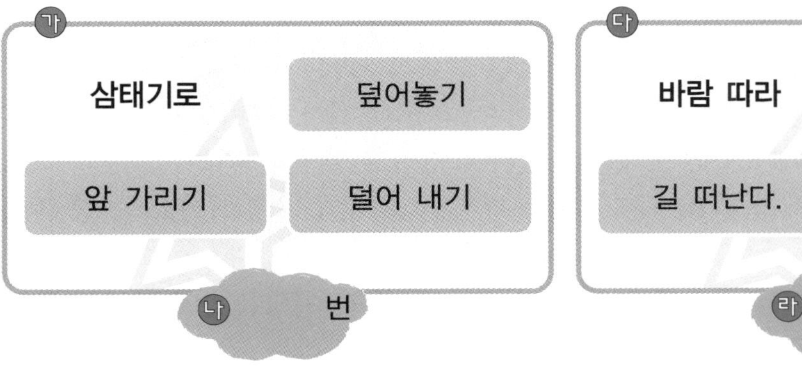

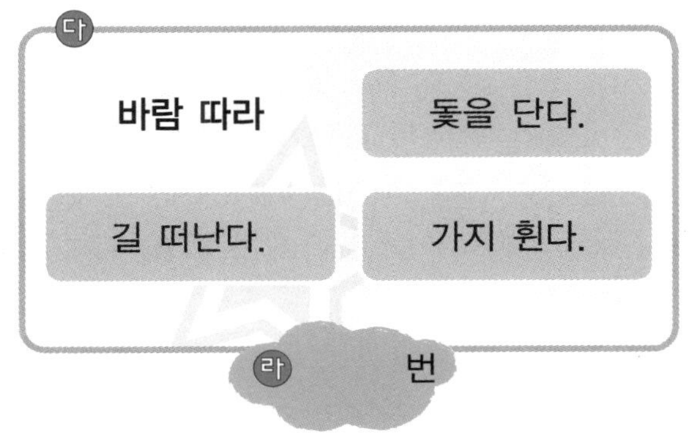

보기

① 속이 빤히 들여다보이는 일을 속여 보려고 하는 어리석은 짓.

② 때를 잘 맞추어서 일을 벌여 나가야 성과를 거둘 수 있다.

다음 ㉮~㉱의 ( )에 알맞은 낱말을 보기에서 찾아 번호를 쓰고, ㉲의 질문에 답해 보세요.

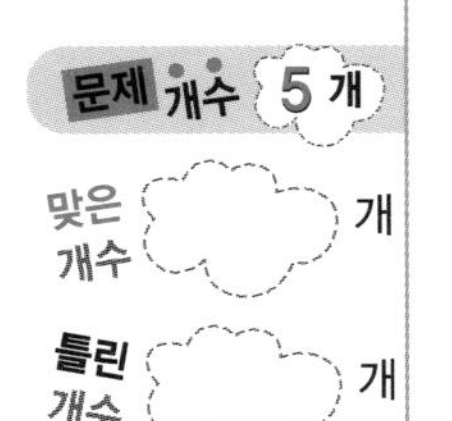

㉮ 학교에 지각을 해서 교실 뒷문으로 (   ) 들어갔다.

㉯ 아버지를 (   ), 나도 책을 많이 읽어야겠다.

㉰ 책상 위의 학용품을 정리해 (   )에 따로 넣어 두었다.

㉱ 어머니를 도와 빨래를 갰더니 힘은 들었지만 (   )이 있었다.

㉲ '번갈아'를 넣어 스스로 짧은 글을 지어 보세요.

➜ --

보기 ① 번갈아 ② 살그머니 ③ 본받아 ④ 몽당연필 ⑤ 서랍 ⑥ 보람

총 문제 개수 25 개 | 총 맞은 개수 개 | 총 틀린 개수 개

옛날 혼례 절차를 소개하겠습니다. 예로부터 우리나라는 혼인을 가족과 집안의 결합이라 여겼기 때문에 절차가 신중하고도 복잡했어요. 혼인을 위한 준비 절차로 의혼, 납채, 납폐가 있어요. 의혼은 집안끼리 혼인 의사를 확인하는 것이고, 합의가 되면 생년 월 시의 사주를 써서 보내는데 이를 납채라 해요. 납채를 받으면 신부 쪽에서 날을 잡아요. 신랑 쪽에서 혼인을 허락해 준 것에 대한 감사 편지와 예물을 넣어 함을 보내요(납폐). 이렇게 혼사가 정해지면 친영이라 하여 실질적인 혼례 절차에 따라 식을 올려요. 친영은 신랑이 기러기를 신부에게 전하는 전안례, 신랑과 신부가 절을 주고받아 혼인을 서약하는 교배례, 신랑, 신부가 잔을 주고받아 화합할 것을 다짐하는 합근례의 순서로 진행해요.

식이 끝나면 잔치를 벌이고 신부는 신랑 부모에게 인사를 드리는데 이를 폐백이라고 해요. 요즘에는 가까운 친척들에게 신랑 신부가 함께 인사를 올립니다.

머리 풀어주는 퍼즐

도전 시간		걸린 시간	
00 분	15 초	분	초

창의사고력 기초 다지기 계산능력 쑥~

덧셈이 바르게 된 곳을 따라 내려가면 어떤 모양이 있을까요?

1+3=5 2+3=7 3+5=9 4+5=9

도전시간 15 분 00 초 | 걸린시간 분 초

1 가로세로 낱말 찾기

다음 네모에서 알고 있는 낱말을 찾아 동그라미를 해 보세요.

★	반	★	밑	변	★
한	바	퀴	도	모	양
뼘	퀴	삼	형	★	뒤
★	배	백	선	분	집
배	열	표	돌	리	다

내가 찾은 낱말  개

2 낱말 뜻 알기

다음 설명이나 그림이 뜻하는 낱말이 무엇인지 빈칸을 채워 보세요.

문제 개수 6 개

맞은 개수 개

틀린 개수 개

㉮ 일정한 차례나 간격에 따라 벌여 놓음 ·········· □□

㉯ 직선 위에서 그 위의 두 점에 한정된 부분 ·········· □□

㉰ 점, 선, 면, 체 또는 그것들의 집합을 통틀어 이르는 말 ·········· □□

㉱ 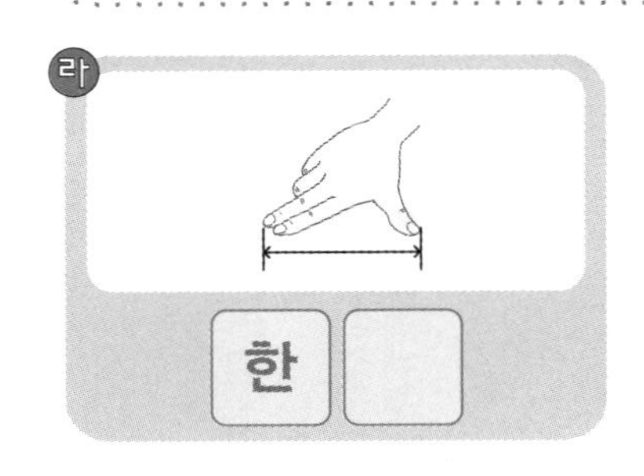

㉲ 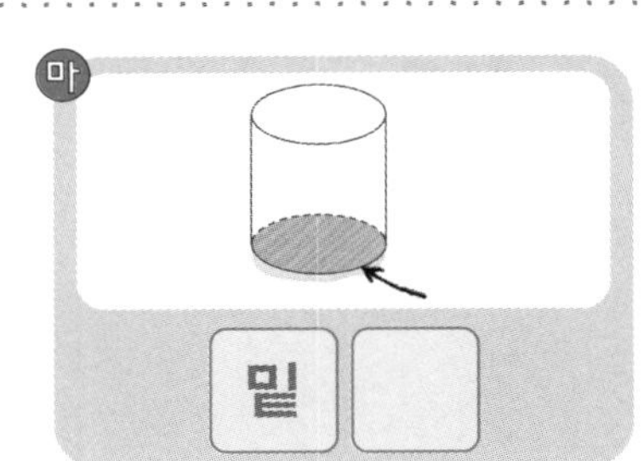

㉳ 

3 비슷한 말 반대말 알기

문제 개수 4 개

맞은 개수 개

틀린 개수 개

다음에서 비슷한 뜻끼리 짝지어진 것에는 '='로, 반대의 뜻끼리 짝지어진 것에는 '↔'로 나타내거나, 부호에 알맞게 낱말을 채워 보세요.

혼합	↔	(가)
모양	(나)	모습

배열	(다)	정렬
한 바퀴	(라)	일주

4 큰 말 작은 말 알기

문제 개수 6 개

맞은 개수 개

틀린 개수 개

낱말의 포함 관계에 따라 '<', 또는 '>'로 나타내고, 그림의 위치에 알맞게 낱말을 넣어 보세요.

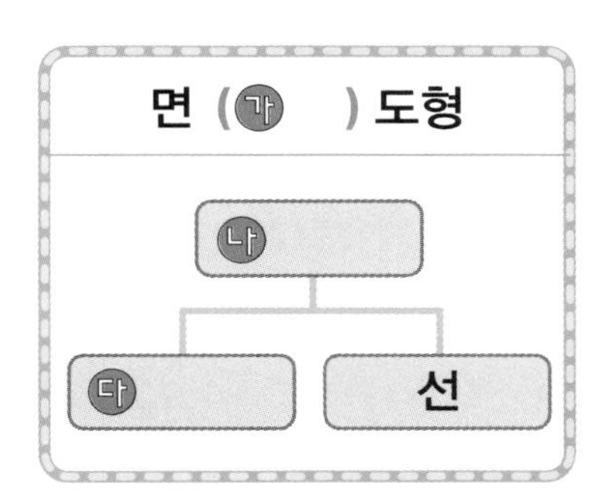

5 짝을 이루는 말 찾기

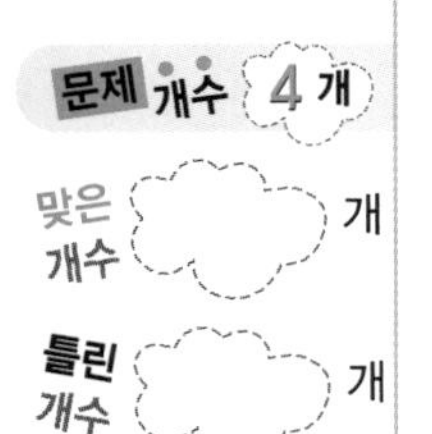

문제 개수 4 개

맞은 개수 개

틀린 개수 개

짝을 이루는 말을 찾아 동그라미 하고, 그 말의 뜻을 보기에서 찾아 번호를 쓰세요.

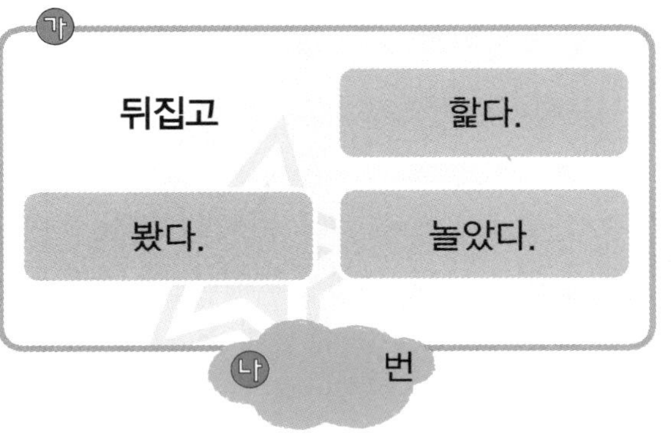

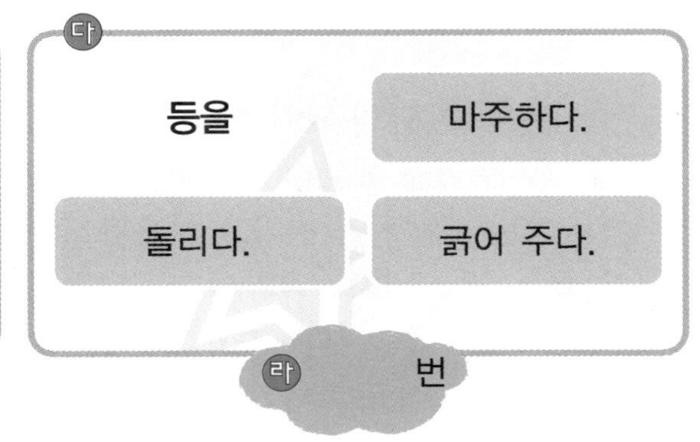

보기

① 뜻을 같이하던 사람이나 단체와 관계를 끊고 배척하다.

② 속속들이 자세히 알다.

다음 ㉮~㉱의 ( )에 알맞은 낱말을 보기에서 찾아 번호를 쓰고, ㉲의 질문에 답해 보세요.

㉮ 아침마다 운동으로 동네를 ( ) 뛰기로 하였다.

㉯ 10, 20, 30, 40, 50……은 10의 단위로 숫자들을 ( )한 것이다.

㉰ 내가 동생보다 키가 ( )은 더 크다.

㉱ 삼각형, 사각형 같은 모양뿐만 아니라 면이나 선도 ( )의 하나이다.

㉲ '등을 돌리다'를 넣어 스스로 짧은 글을 지어 보세요.

➜

보기 ① 배열 ② 선분 ③ 도형 ④ 한 뼘 ⑤ 한 바퀴 ⑥ 분리

총 문제 개수 25 개	총 맞은 개수 개	총 틀린 개수 개

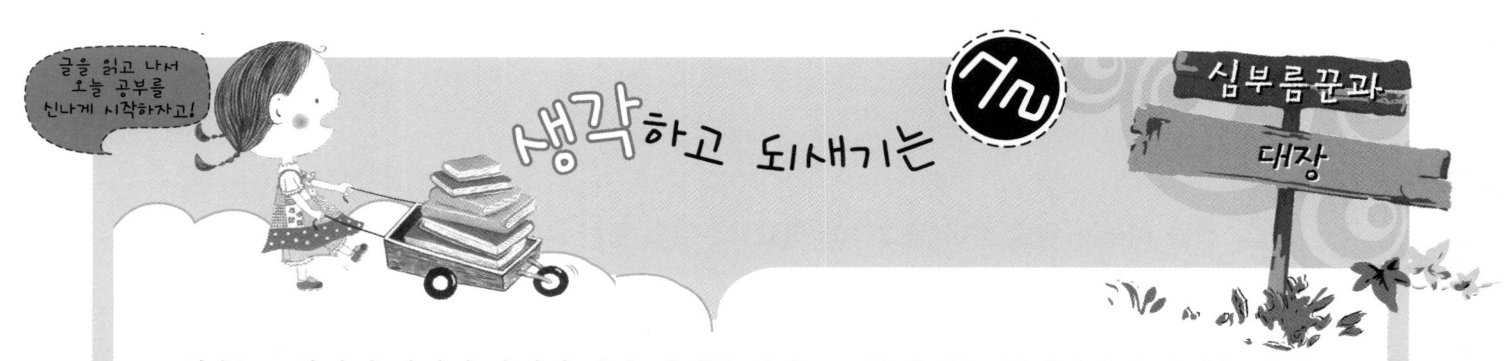

선우는 2학년이 되어서 반에서 반장 선거를 했어요. 1학년 때는 돌아가면서 반장을 해서 특별히 무슨 일을 했는지 기억이 나지 않았어요.

은혜랑 영식이가 반장을 하겠다고 나서자 선생님은 연설문을 준비해 오라고 했어요. 반장을 뽑는 날, 은혜는 나와서 "제가 반장이 되면 여러분의 심부름꾼이 되어서 우리 반을 위해 열심히 일하겠습니다."라고 했어요. 그런데 영식이는 "저는 반장이 되면 우리 반을 공부 잘하는 반으로 이끌고 나가겠습니다."라고 했어요.

선우는 은혜와 영식이 중에서 누구를 뽑아야 할지 갈피를 잡을 수 없었어요. 은혜는 심부름꾼이 되겠다고 하고 영식이는 반을 이끄는 대장이 되겠대요. 반장은 심부름꾼을 뽑는 건가요, 아니면 대장을 뽑는 건가요?

머리 풀어주는 퍼즐

도전 시간		걸린 시간	
00 분	15 초	분	초

창의사고력 기초 다지기 주의집중력 쑥~

1에서 16까지의 숫자가 쓰여 있는 상자가 있습니다. 없는 숫자를 써 넣어 보세요.

15	9	2	10
1	3	16	4
14	5	7	11
6	13	8	

3	4	11	16
1	10	2	9
12	5	13	7
6	15		14

도전시간 10 분 00 초

걸린시간 분 초

1 가로세로 낱말 찾기

다음 네모에서 알고 있는 낱말을 찾아 동그라미를 해 보세요.

여기서 찾은 낱말로 2~6번 문제를 풀어요!

공	중	건	경	치	쌍
살	산	너	머	중	아
래	넘	편	★	고	올
살	어	겸	손	함	리
래	★	실	감	나	다

내가 찾은 낱말 개

2 낱말 뜻 알기

다음 설명이나 그림이 뜻하는 낱말이 무엇인지 빈칸을 채워 보세요.

문제 개수 6 개

맞은 개수 개

틀린 개수 개

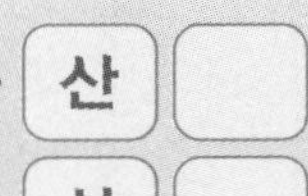

가 산의 저쪽. 또는 그 공간 ···························· 산 ☐ ☐

나 산의 경계를 건너 지나서 ···························· 산 ☐ ☐

다 남을 존중하고 자기를 내세우지 않는 태도가 있음 ············ ☐ ☐

라

☐ ☐ 편

마

☐ ☐

바
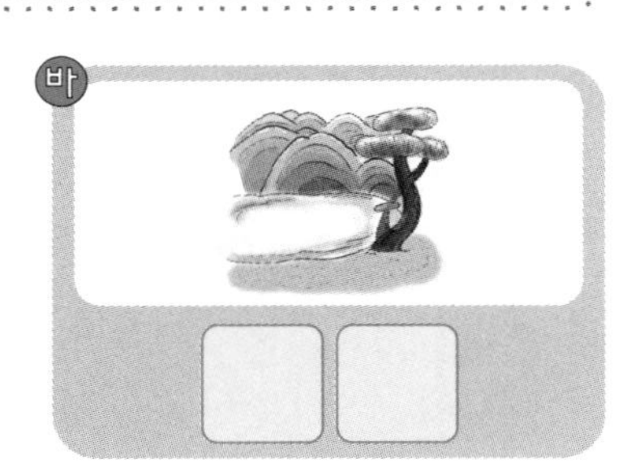
☐ ☐

3 비슷한 말 반대말 알기

다음에서 비슷한 뜻끼리 짝지어진 것에는 '='로, 반대의 뜻끼리 짝지어진 것에는 '↔'로 나타내거나, 부호에 알맞게 낱말을 채워 보세요.

풍경	=	(㉮)
쌓아 올리다	(㉯)	무너져 내리다

겸손	(㉰)	교만
고함	(㉱)	큰소리

4 큰 말 작은 말 알기

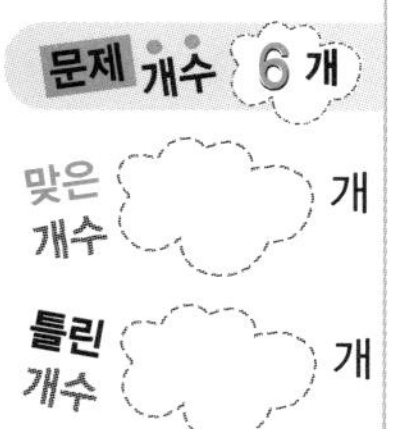

낱말의 포함 관계에 따라 '<', 또는 '>'로 나타내고, 그림의 위치에 알맞게 낱말을 넣어 보세요.

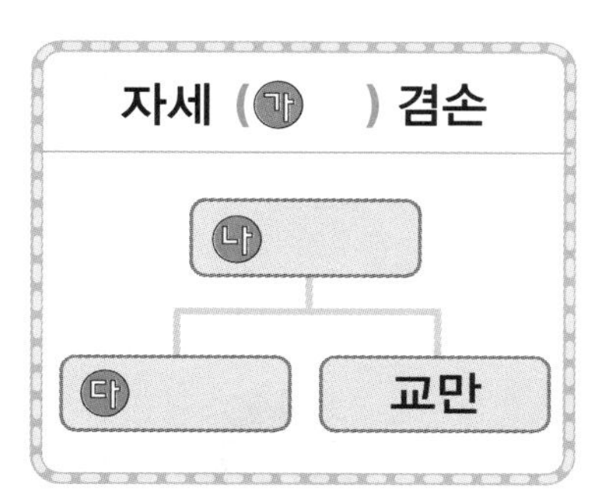

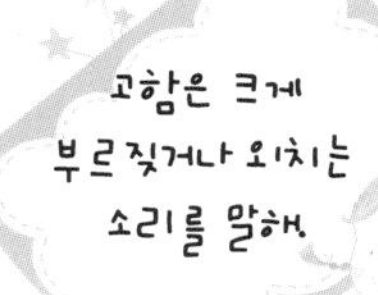

5 짝을 이루는 말 찾기

짝을 이루는 말을 찾아 동그라미 하고, 그 말의 뜻을 보기 에서 찾아 번호를 쓰세요.

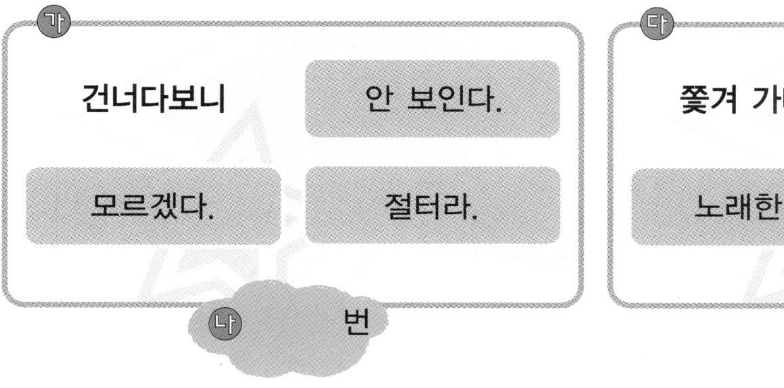

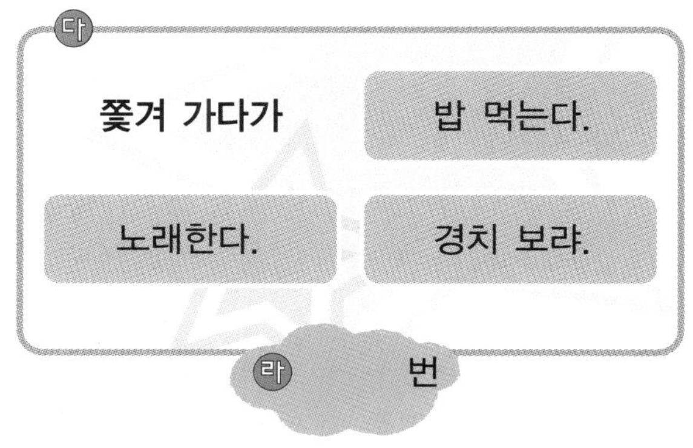

보기

① 남의 것을 자기 것으로 만들려고 해도 될 수 없다는 것.
② 절박한 경우를 당하여 딴생각을 할 여유가 없음.

다음 가~라 의 ( )에 알맞은 낱말을 보기 에서 찾아 번호를 쓰고, 마 의 질문에 답해 보세요.

문제 개수 5 개

맞은 개수 ( ) 개

틀린 개수 ( ) 개

가 횡단보도 ( )에서 친구가 나를 보고는 손을 흔들었다.

나 양주로 가려면 저 ( ) 한참을 더 가야 해요.

다 봄이면 제비들이 ( ) 남쪽 마을로부터 날아온다.

라 영수는 훌륭한 어린이로 상을 받았지만 ( )한 마음을 잊지 않기로 했다.

마 '경치' 를 넣어 스스로 짧은 글을 지어 보세요.

➜

보기 ① 산 너머 ② 산 넘어 ③ 겸손 ④ 건너편 ⑤ 고함 ⑥ 경치

총 문제 개수 25 개 | 총 맞은 개수 ( ) 개 | 총 틀린 개수 ( ) 개

결혼은 어느 나라든지 아주 중요한 일로 여겨졌습니다. 나라마다 형식은 다르지만 친척들과 절친한 친구를 불러 모아 결혼을 알리고 축하를 받는다는 공통점이 있습니다. 나라마다 전통 혼례가 있지만 지금은 많이 사라져 가고 있어요.

보통 남자 쪽에서 결혼을 바란다는 뜻을 알리고 신부 쪽에서 받아들이면 양가가 만나 합의하고 결혼을 올리는 방식을 취해요. 남자 쪽에서 결혼 준비를 위한 지참금을 준비하는 나라도 있고(몽골이나 중국) 여자가 지참금을 준비하는 나라도 있어요(인도 등).

우리나라 전통 혼례식은 전안례(신랑이 기러기를 드리는 예), 교배례(신랑, 신부가 맞절을 하며 서약하는 예), 합근례(술을 나누어 마시는 예) 순서로 이루어져요. 지금은 종교와 관계없이 기독교식으로 결혼식을 하는 경우가 많습니다. 신부가 하얀 면사포에 웨딩드레스를 입고 신랑은 양복을 입어요. 신부의 하얀 웨딩드레스는 순결과 순종을 뜻한다고 해요.

머리 풀어주는 퍼즐

공부를 시작할 때도 준비운동이 필요하다고! 하나둘 하나둘

도전 시간		걸린 시간	
00 분	15 초	분	초

창의사고력 기초 다지기 연상추리력 쑥~

다음 빈 곳에 들어갈 알맞은 그림은 몇 번일까요?

❶ 

❷ 

❸ 

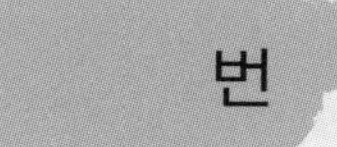

도전시간 13 분 00 초 걸린시간 분 초

1 가로세로 낱말 찾기

다음 네모에서 알고 있는 낱말을 찾아 동그라미를 해 보세요.

가	★	운	동	화	보
락	공	부	요	분	물
응	놀	★	거	울	찾
원	이	어	달	리	기
도	구	름	사	다	리

내가 찾은 낱말 개

2 낱말 뜻 알기

다음 설명이나 그림이 뜻하는 낱말이 무엇인지 빈칸을 채워 보세요.

㉮ 운동 경기 따위에서, 선수들이 힘을 낼 수 있도록 도와주는 일 ······ ☐☐

㉯ 학문이나 기술을 배우고 익힘 ······ ☐☐

㉰ 물건 이름이 적힌 종이를 여러 군데 감추고, 그 종이를 찾은 사람에게 상품으로 주는 놀이 ······ ☐ 물 ☐ 기

㉱ 
☐☐☐

㉲ 
☐☐ 사 다 리

㉳ 
☐☐ 달 리 기

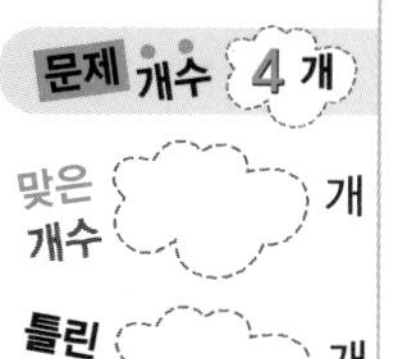

문제 개수 4 개

맞은 개수 개

틀린 개수 개

다음에서 비슷한 뜻끼리 짝지어진 것에는 '='로, 반대의 뜻끼리 짝지어진 것에는 '↔'로 나타내거나, 부호에 알맞게 낱말을 채워 보세요.

학업	=	(㉮)
가락	(㉯)	멜로디

거울	(㉰)	면경
울리다	(㉱)	웃기다

낱말의 포함 관계에 따라 '<', 또는 '>'로 나타내고, 그림의 위치에 알맞게 낱말을 넣어 보세요.

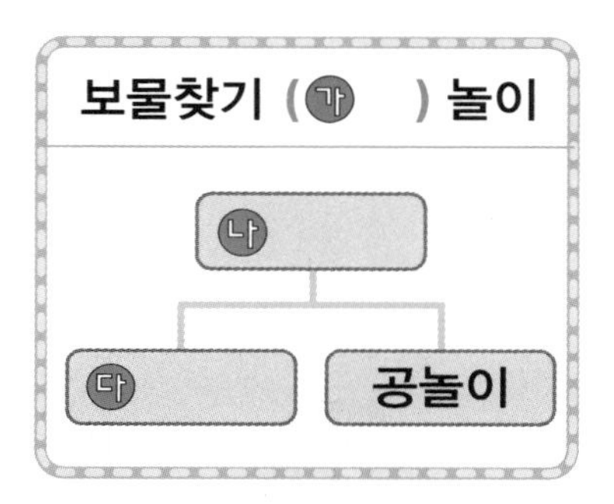

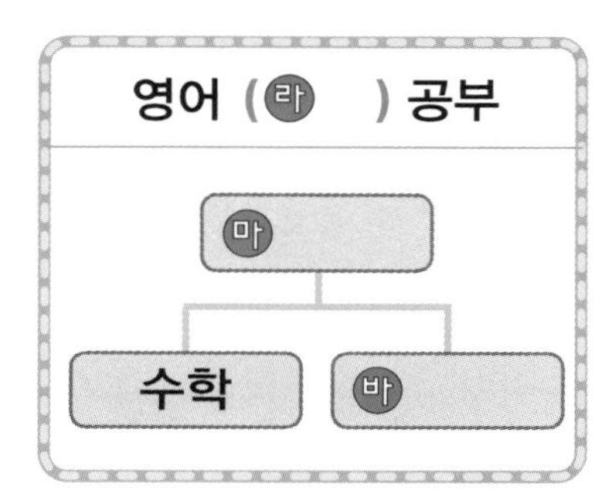

짝을 이루는 말을 찾아 동그라미 하고, 그 말의 뜻을 보기 에서 찾아 번호를 쓰세요.

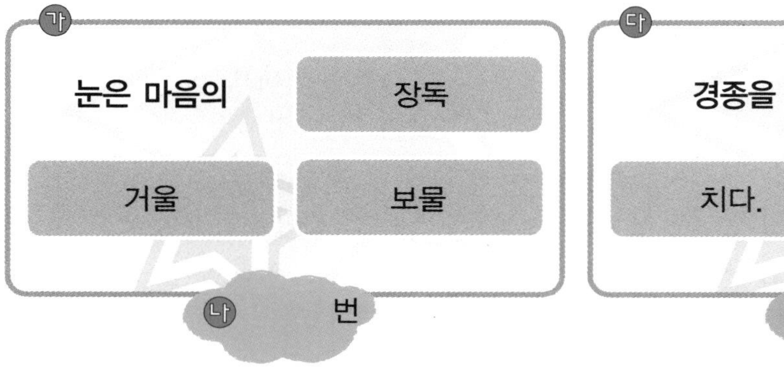

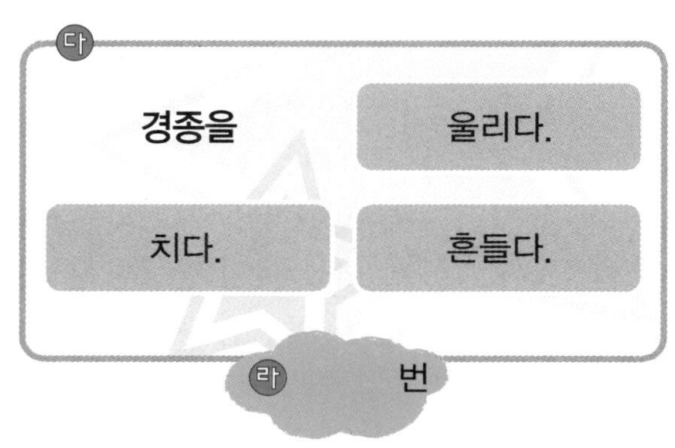

보기

① 잘못이나 위험을 미리 경계하여 주의를 환기시키다.

② 눈만 보아도 그 사람의 마음을 짐작할 수 있음.

다음 가 ~ 라 의 ( )에 알맞은 낱말을 보기 에서 찾아 번호를 쓰고, 마 의 질문에 답해 보세요.

가 우리 반 아이들이 축구 경기 결승에 나가서 친구들과 함께 힘차게 (   ) 을 했다.

나 체육이 들었다는 것을 잊고 (   ) 대신 구두를 신고 갔다.

다 학생이 할 일은 (   )라지만, 난 그게 그리 좋지 않다.

라 운동회에서 (   )의 마지막 주자로 내가 달리기로 했다.

마 '경종을 울리다' 를 넣어 스스로 짧은 글을 지어 보세요

➜

보기 ① 응원 ② 공부 ③ 보물찾기 ④ 운동화 ⑤ 공놀이 ⑥ 이어달리기

총 문제 개수 25 개 | 총 맞은 개수 개 | 총 틀린 개수 개

이탈리아 화가 모딜리아니는 목이 긴 여인 그림으로 유명해요. 모딜리아니는 22세 무렵 그림 공부하러 파리로 갔어요. 그가 처음 파리에 갔을 때는 경제적 여유가 있어 피카소에게 돈을 빌려 주기도 했어요. 그러다 나중에는 조각할 돌을 훔칠 정도로 가난해졌습니다.

그런 그에게 14살 어린 평생의 반려자, 잔느가 나타나요. 마음이 안정되자 그의 독특한 표현 양식은 봄날의 꽃처럼 빠르게 발전합니다. 1917년, 그는 처음이자 마지막으로 개인전을 열었지만 미풍양속을 해친다고 해서 문을 닫아야 했습니다.

1920년, 36살의 그는 사랑하는 여인을 남겨 두고 세상을 떠났습니다. 그는 살아서 한 번도 인정받지 못했고 가난해서 그림 그리기도 힘들었어요. 하지만 지금은 가장 사랑받는 화가 중 하나로 꼽혀요. 가난을 이겨 내고 독창적인 그림을 그렸기 때문이랍니다. 가난은 장애가 아니라 이겨 내야 할 극복 대상이랍니다.

공부를 시작할 때도 준비운동이 필요하다고! 하나둘 하나둘

도전 시간		걸린 시간	
00 분	15 초	분	초

창의사고력 기초 다지기 판단 능력 쑥~

길을 따라 가면서 6보다 큰 수에 동그라미 쳐 보세요.

도전시간 13 분 00 초 | 걸린시간 분 초

1 가로세로 낱말 찾기

다음 네모에서 알고 있는 낱말을 찾아 동그라미를 해 보세요.

그	림	자	공	몸	신
체	중	★	통	무	장
낙	같	은	점	게	★
하	가	신	체	★	재
산	축	평	평	하	다

내가 찾은 낱말 개

2 낱말 뜻 알기

다음 설명이나 그림이 뜻하는 낱말이 무엇인지 빈칸을 채워 보세요.

문제 개수 6 개

맞은 개수 개

틀린 개수 개

가 몸의 무게 ☐☐☐

나 둘 또는 그 이상의 여럿 사이에 두루 통하는 점 공☐☐

다 집에서 기르는 짐승 ☐☐

라

☐☐☐

마

☐☐☐

바

☐☐

3 비슷한 말 반대말 알기

문제 개수 4 개

맞은 개수 ( ) 개

틀린 개수 ( ) 개

다음에서 비슷한 뜻끼리 짝지어진 것에는 ‘=’로, 반대의 뜻끼리 짝지어진 것에는 ‘↔’로 나타내거나, 부호에 알맞게 낱말을 채워 보세요.

공통점	=	(가)
신장	(나)	키

몸무게	(다)	체중
평평하다	(라)	울퉁불퉁하다

4 큰 말 작은 말 알기

문제 개수 6 개

맞은 개수 ( ) 개

틀린 개수 ( ) 개

낱말의 포함 관계에 따라 ‘<’, 또는 ‘>’로 나타내고, 그림의 위치에 알맞게 낱말을 넣어 보세요.

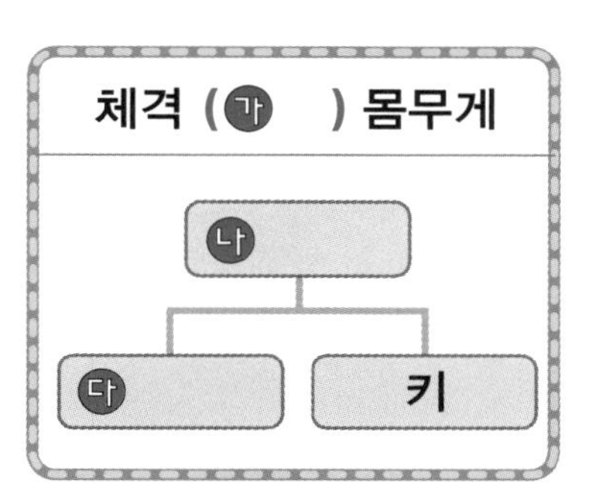

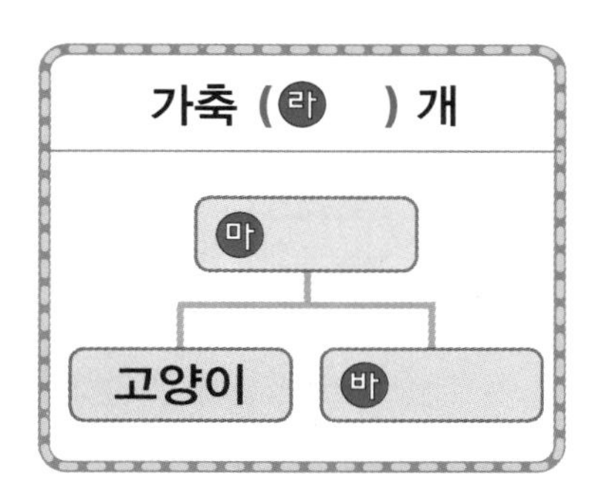

5 짝을 이루는 말 찾기

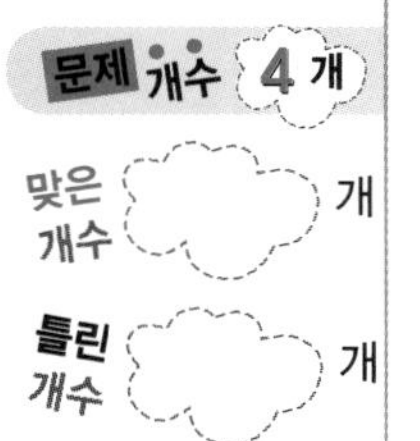

문제 개수 4 개

맞은 개수 ( ) 개

틀린 개수 ( ) 개

짝을 이루는 말을 찾아 동그라미 하고, 그 말의 뜻을 보기에서 찾아 번호를 쓰세요.

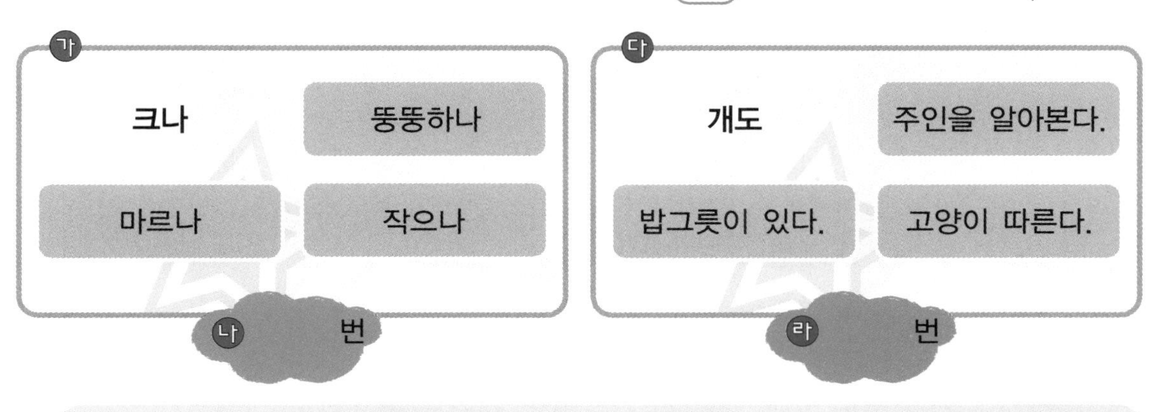

보기

① 크기에 관계없이 어쨌든.

② 개도 자기 주인을 안다는 뜻으로, 배은망덕한 사람을 꾸짖어 이르는 말.

다음 ㉮~㉱의 ( )에 알맞은 낱말을 보기에서 찾아 번호를 쓰고, ㉲의 질문에 답해 보세요.

문제 개수 5개

맞은 개수 (　　) 개

틀린 개수 (　　) 개

㉮ 언니는 (　　　　)가 많이 나간다며 살을 빼기 위해 밥을 조금씩 먹는다.

㉯ 도로를 놓기 위해 산을 깎아 (　　　　) 도로를 만들었다.

㉰ 시골 할아버지 댁에는 소와 돼지, 닭과 같은 (　　　　)이 여러 마리 있다.

㉱ 우리 가족은 모두 된장찌개를 좋아한다는 (　　　　)을 가지고 있다.

㉲ '크나 작으나'를 넣어 스스로 짧은 글을 지어 보세요.

➜ ______________________________

보기 ① 몸무게　② 공통점　③ 가축　④ 그림자　⑤ 낙하산　⑥ 평평한

총 문제 개수 25 개 | 총 맞은 개수 (　　) 개 | 총 틀린 개수 (　　) 개

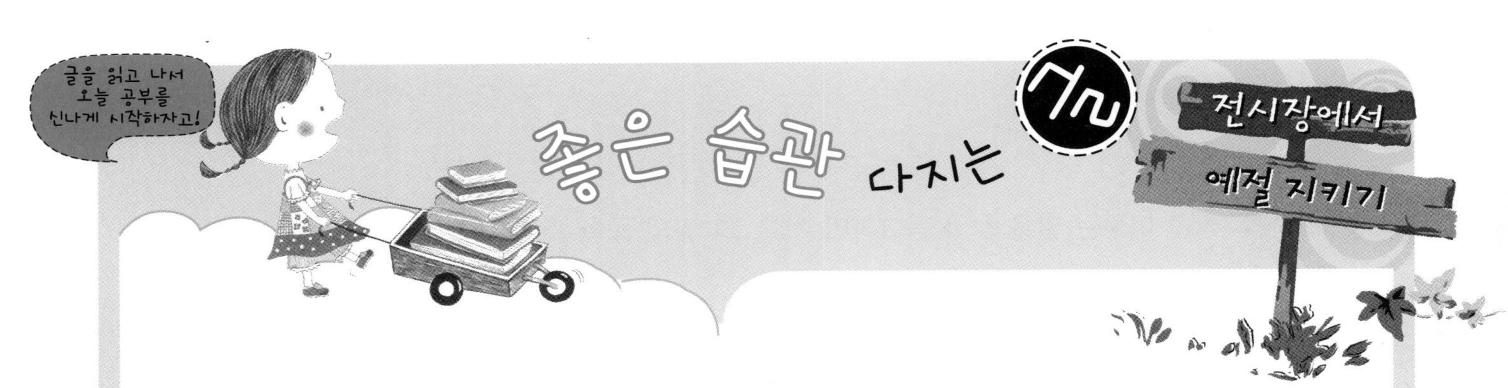

유아였을 때는 전시장에서 떠들고 놀면서 봐도 별로 문제가 되지 않았어요. 하지만 이젠 우리 친구들도 전시장에서 지켜야 할 예절을 알고 지키도록 해요. 별다른 것은 없어요. 공공 장소에서 지켜야 할 예절 수준이지요.

전시된 물건을 만지지 말고 눈으로만 보세요.
뛰어다니면서 다른 사람들을 방해하지 않아야 해요.
사진을 찍는 것도 실례, 필요한 경우 미리 허락을 받으세요.

공연이나 전시 내용을 조금 미리 알고 가면 훨씬 재미있어요. 관련된 책을 찾아보는 것도 좋고, 다녀온 사람들이 올려놓은 후기 등을 인터넷에서 보고 가는 것도 좋은 방법이지요.

머리 풀어주는 퍼즐

도전 시간		걸린 시간	
00 분	15 초	분	초

창의사고력 기초 다지기 정보처리능력 쑥~

굴러가는 이상한 모양의 바퀴가 있습니다. 다음에 이어질 그림은 무엇일까요?

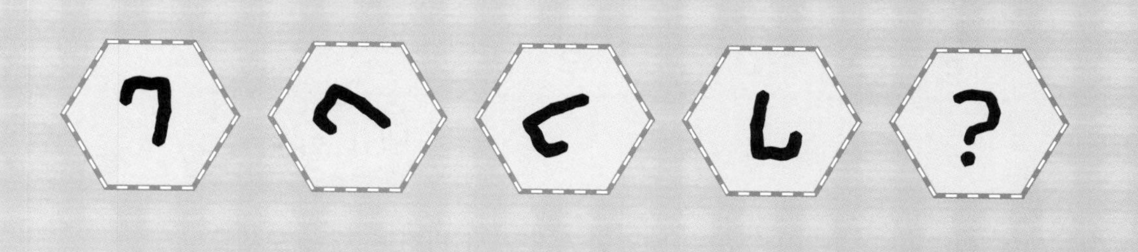

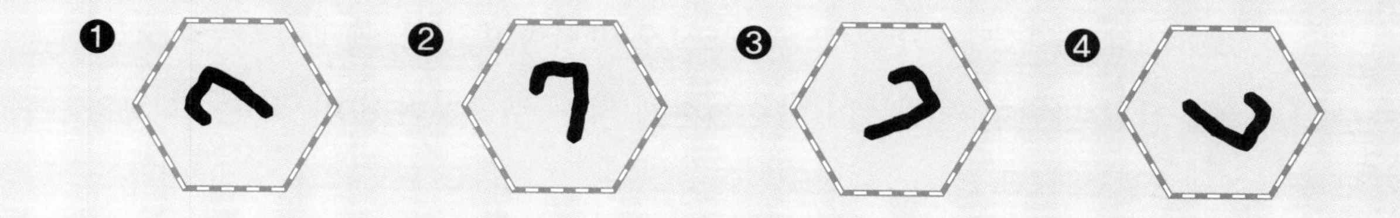

❶ ❷ ❸ ❹

번

1 가로세로 낱말 찾기

다음 네모에서 알고 있는 낱말을 찾아 동그라미를 해 보세요.

희	미	하	다	관	균
망	금	방	과	찰	형
차	붕	꼴	학	기	계
다	어	찌	자	록	김
왈	강	달	강	장	치

내가 찾은 낱말  개

2 낱말 뜻 알기

다음 설명이나 그림이 뜻하는 낱말이 무엇인지 빈칸을 채워 보세요.

문제 개수 6 개

맞은 개수 개

틀린 개수 개

가 분명하지 못하고 어렴풋하다 ········ □□하다

나 어느 한쪽으로 기울거나 치우치지 아니하고 고른 상태 ········ □□

다 작고 단단한 물건들이 어수선하게 자꾸 부딪치는 소리. 또는 그 모양 ········ □강□강

라  □□□

마  □□□

바  □□

3 비슷한 말 반대말 알기

문제 개수 4 개

맞은 개수 개

틀린 개수 개

다음에서 비슷한 뜻끼리 짝지어진 것에는 '='로, 반대의 뜻끼리 짝지어진 것에는 '↔'로 나타내거나, 부호에 알맞게 낱말을 채워 보세요.

방금	=	(가)
희미하다	(나)	선명하다

꼴찌	(다)	일등
희망차다	(라)	절망적이다

4 큰 말 작은 말 알기

문제 개수 6 개

맞은 개수 개

틀린 개수 개

낱말의 포함 관계에 따라 '<', 또는 '>'로 나타내고, 그림의 위치에 알맞게 낱말을 넣어 보세요.

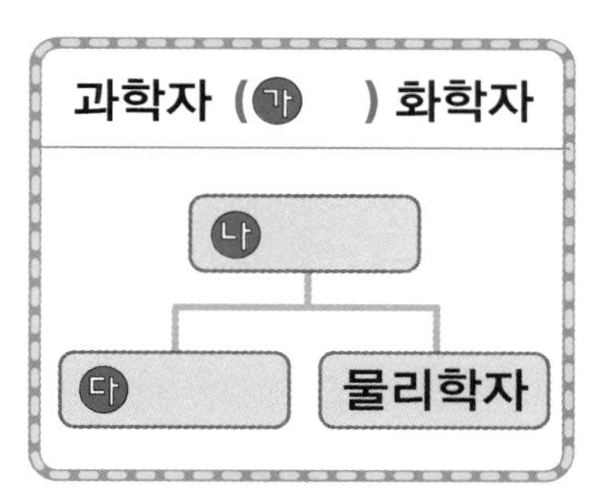

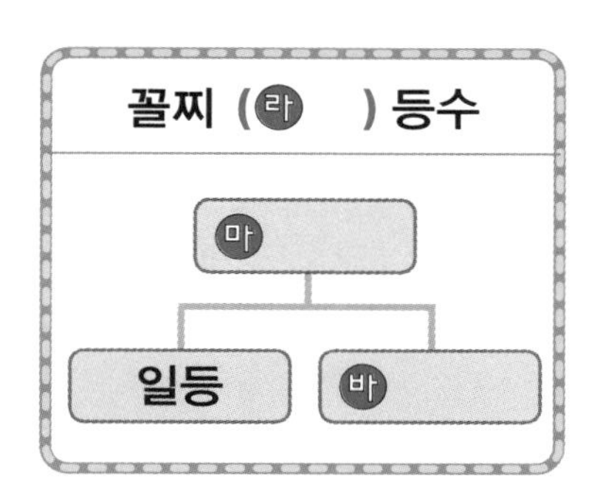

5 짝을 이루는 말 찾기

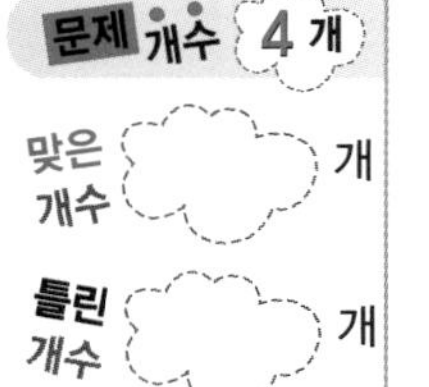

문제 개수 4 개

맞은 개수 개

틀린 개수 개

짝을 이루는 말을 찾아 동그라미 하고, 그 말의 뜻을 보기에서 찾아 번호를 쓰세요.

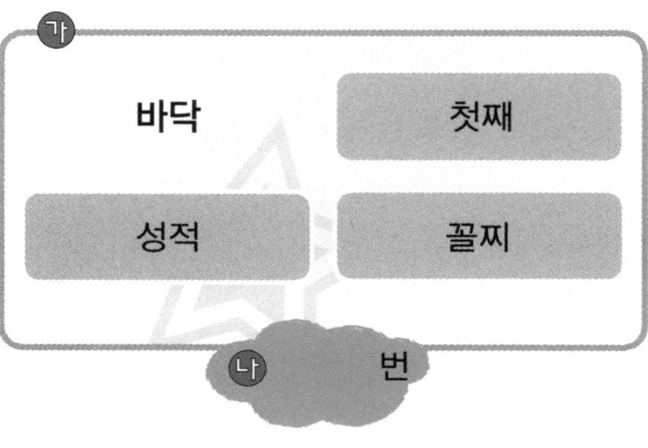

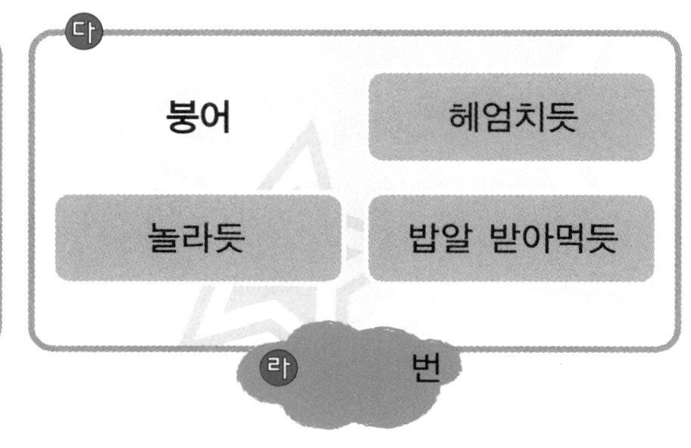

보기

① 주거나 생기는 족족 다 써 버리는 경우.

② '꼴찌'를 놀림조로 이르는 말.

다음 ㉮~㉱의 ( )에 알맞은 낱말을 보기에서 찾아 번호를 쓰고, ㉲의 질문에 답해 보세요.

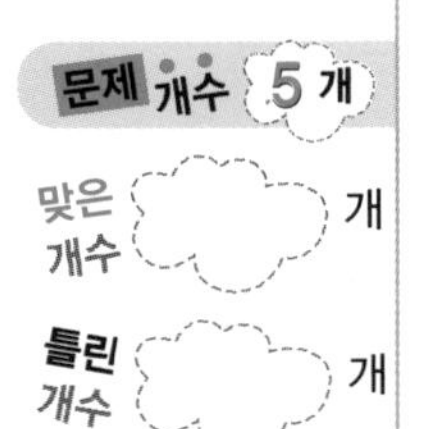

㉮ 엄마가 설거지를 하시는지 부엌 쪽에서 (   )하는 소리가 들려왔다.

㉯ 안경을 두고 왔더니 눈앞이 (   ).

㉰ (   )라고 기죽을 필요는 없다. 노력하면 누구나 일등이 될 수 있으니까.

㉱ 나는 이다음에 크면 타임머신을 만드는 (   )가 되고 싶다.

㉲ '금방' 을 넣어 스스로 짧은 글을 지어 보세요.

➜ ______________________________

보기 ① 희미하다 ② 균형 ③ 왈강달강 ④ 꼴찌 ⑤ 금방 ⑥ 과학자

총 문제 개수 25 개 | 총 맞은 개수 (   ) 개 | 총 틀린 개수 (   ) 개

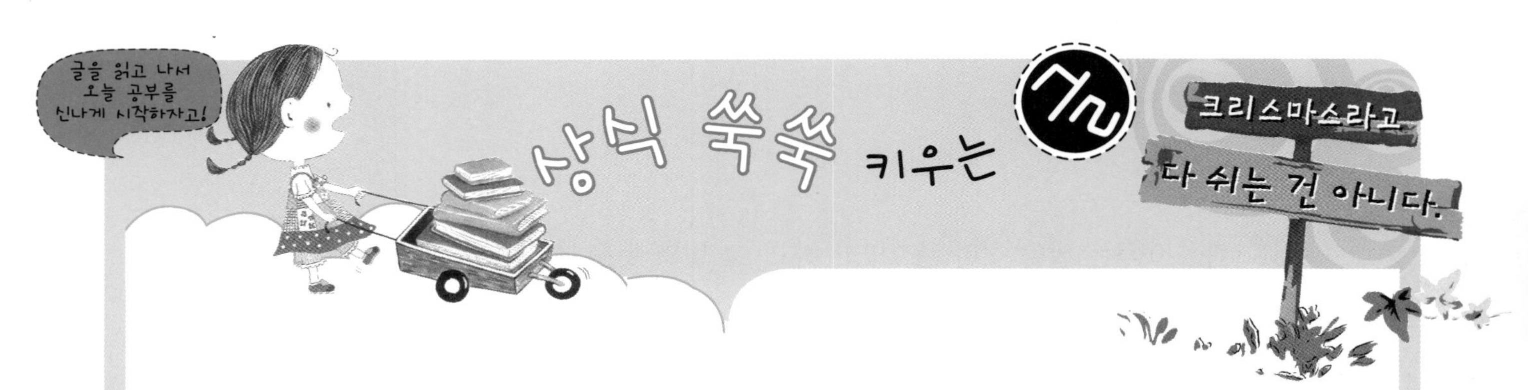

크리스마스는 예수의 탄생을 기념한 날이지만 기독교를 믿는 사람들만의 축제일은 아니랍니다. 이는 기독교가 하나의 문화로 전 세계에 퍼져 나간 예입니다. 일본, 중국, 북한은 공휴일이 아니고, 라오스, 캄보디아 같은 동남아시아의 불교 국가들도 크리스마스를 기념해 쉬지 않습니다.

크리스마스 전날 밤 선물을 전해 준다는 산타클로스는 4세기에 살았다는 성 니콜라스의 이름을 딴 것이에요. 핀란드 로바니에미 마을에는 산타들이 모여 산다는 산타 마을이 있습니다. 해마다 수천만 통의 편지가 이 산타 마을로 날아온다고 합니다.

재미있는 이야기 하나. 미국 인디애나 주에는 산타클로스라는 도시가 있는데, 해마다 산타클로스 소인이 찍힌 편지가 수백 통씩 반송된다고 합니다.

머리 풀어주는 퍼즐

공부를 시작할 때도 준비운동이 필요하다고! 하나둘 하나둘

도전 시간		걸린 시간	
00 분	15 초	분	초

창의사고력 기초 다지기 계산능력 쑥~

가로세로 합이 7이 되도록 빈칸을 채워 보세요.

도전시간 15 분 00 초 | 걸린시간 분 초

1 가로세로 낱말 찾기

다음 네모에서 알고 있는 낱말을 찾아 동그라미를 해 보세요.

칭	필	기	도	구	흐
찬	현	관	후	풋	트
호	학	예	회	과	러
미	화	려	한	일	지
퇴	근	친	절	하	다

내가 찾은 낱말 개

2 낱말 뜻 알기

문제 개수 6 개

맞은 개수 개

틀린 개수 개

다음 설명이나 그림이 뜻하는 낱말이 무엇인지 빈칸을 채워 보세요.

㉮ 옷차림이나 자세 따위가 단정하지 못한 상태가 되다 ………… □□□지다

㉯ 아직 덜 익은 과실 ………… □□□

㉰ 학생의 예능 발표와 학예품 전시를 주로 하는 특별 교육 활동 ………… □□□

㉱ 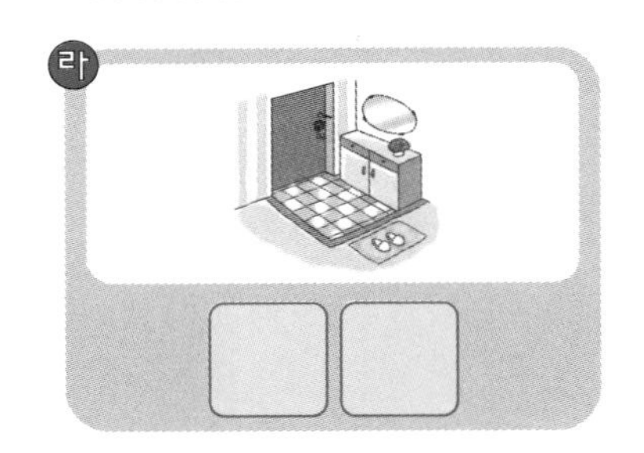 □□

㉲ 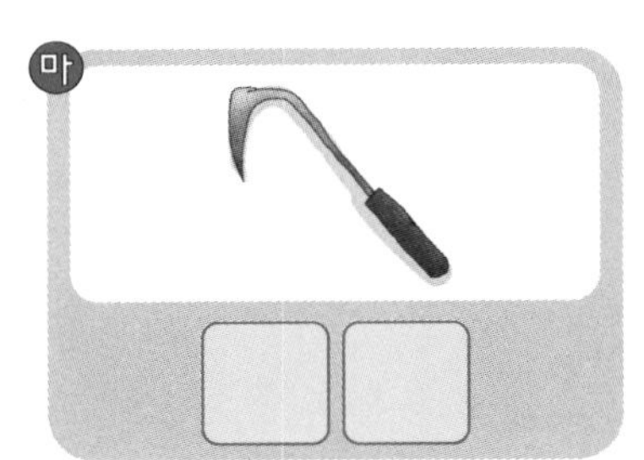 □□

㉳ 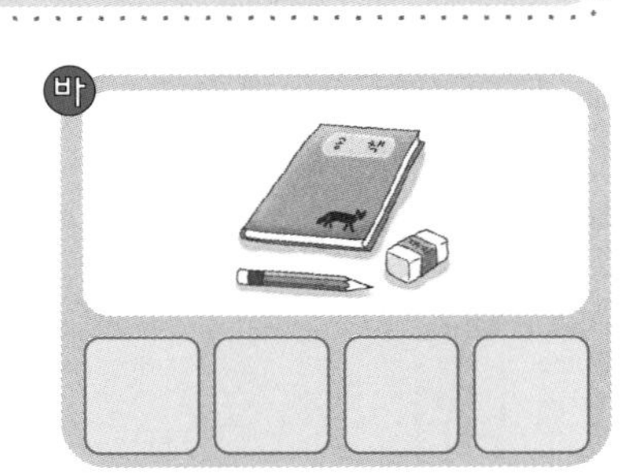 □□□□

비슷한 말 반대말 알기

문제 개수 4 개

맞은 개수 개

틀린 개수 개

다음에서 비슷한 뜻끼리 짝지어진 것에는 '='로, 반대의 뜻끼리 짝지어진 것에는 '↔'로 나타내거나, 부호에 알맞게 낱말을 채워 보세요.

꾸중	↔	(가)
출근	(나)	퇴근

후회	(다)	회한
흐트러지다	(라)	단정하다

큰 말 작은 말 알기

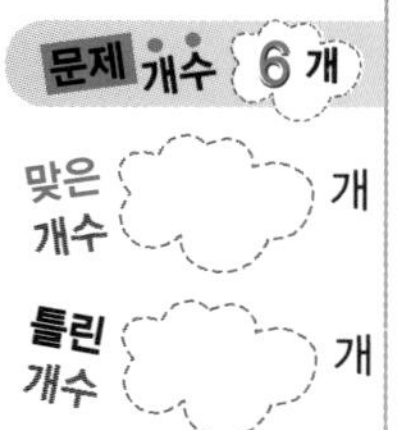

낱말의 포함 관계에 따라 '<', 또는 '>'로 나타내고, 그림의 위치에 알맞게 낱말을 넣어 보세요.

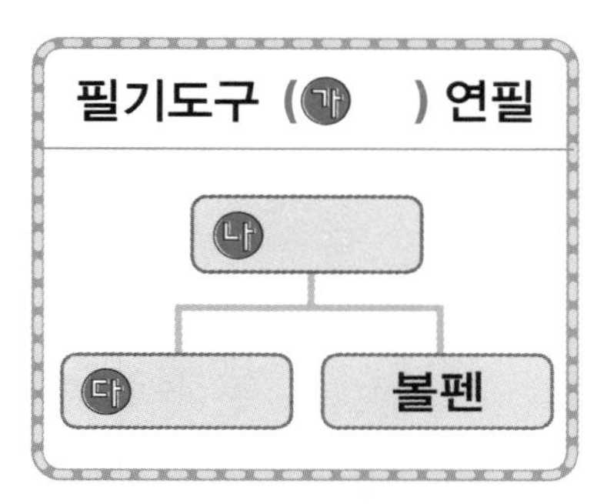

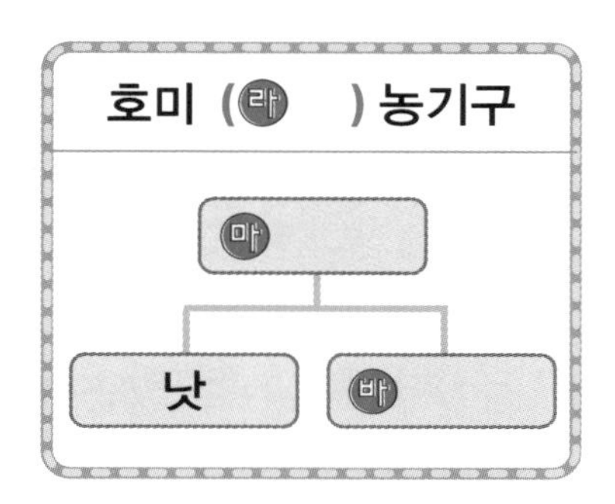

짝을 이루는 말 찾기

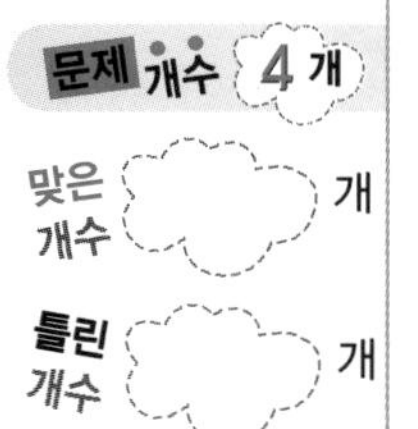

짝을 이루는 말을 찾아 동그라미 하고, 그 말의 뜻을 보기에서 찾아 번호를 쓰세요.

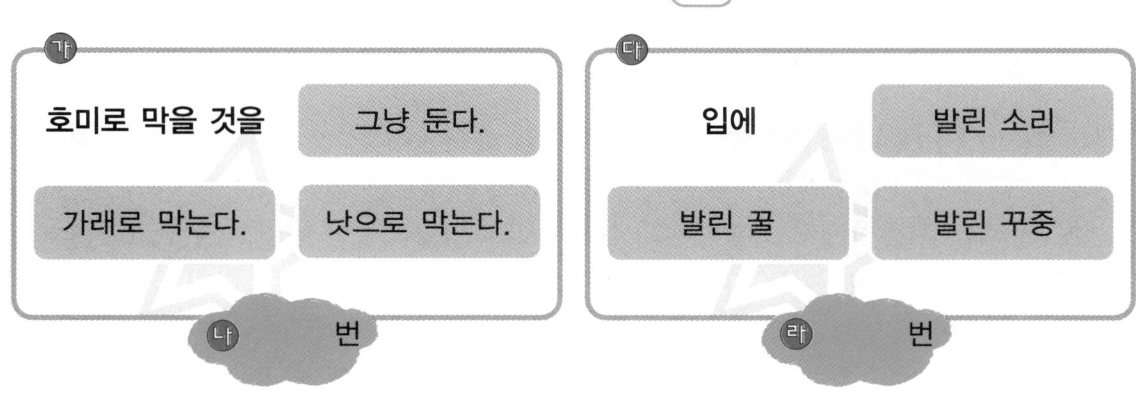

보기

① 적은 힘으로 충분히 처리할 수 있는 일에 쓸데없이 많은 힘을 들이는 경우를 빗댄 말.

② 마음에도 없이 겉치레로 하는 말.

다음 ㉮~㉱의 ( )에 알맞은 낱말을 보기에서 찾아 번호를 쓰고, ㉲의 질문에 답해 보세요.

㉮ 오늘은 (　　　)를 하는 날이라 오전부터 학부모님들이 학교로 왔다.

㉯ 동생이 (　　　)을 따 먹고 배가 아팠다.

㉰ 손님이 오시는 날, (　　　)에 신발들을 예쁘게 정리해 두었다.

㉱ 아버지 책상 위에는 볼펜이나 샤프는 물론, 만년필 같은 다양한 (　　　)들이 있다.

㉲ '입에 발린 소리'를 넣어 스스로 짧은 글을 지어 보세요.

➜

보기 ① 흐트러진 ② 풋과일 ③ 학예회 ④ 현관 ⑤ 호미 ⑥ 필기도구

총 문제 개수 25 개 | 총 맞은 개수 개 | 총 틀린 개수 개

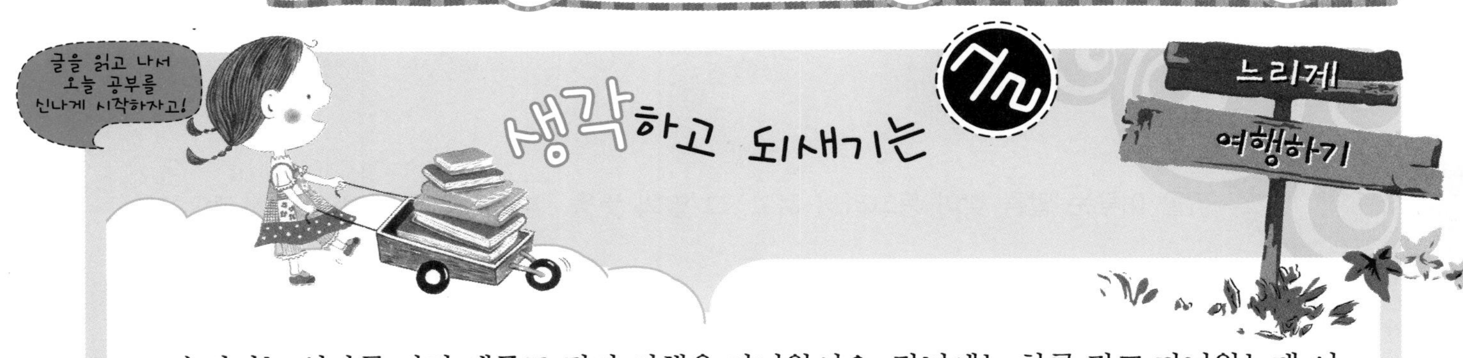

수민이는 엄마를 따라 제주도 걷기 여행을 다녀왔어요. 작년에는 차를 갖고 다녀왔는데 이번 여행은 많이 달랐어요. 이번에는 이틀 내내 제주도를 걸어 다녀서 여러 곳을 가지는 못했죠. 하루는 쇠소깍에서 외돌개까지, 또 하루는 외돌개에서 법환 포구까지 걸었지요. 천천히 쉬엄쉬엄 걸었어요. 힘들 거라고 생각했는데 왼쪽으로 펼쳐진 바다가 무척 아름다워서 힘든 것도 몰랐어요.

바람도 억세고 햇볕도 와랑와랑(제주도 사투리로 '쨍쨍'이라는 뜻) 비쳤어요. 또 마을을 따라 걷는데 귤 농장 아저씨가 불러서 귤을 맘껏 먹기도 했어요.

차를 타고 빠르게 여행하는 것만이 좋은 것은 아닌가 봐요. 천천히 걷다 보니 차를 타고 여행할 때 전혀 보지 못하고 느끼지 못했던 것들을 보고 느꼈어요. 게다가 한참 걷고 난 뒤에 먹는 갈치구이랑 돼지갈비는 정말 환상이었어요.

21회 머리 풀어주는 퍼즐

도전 시간		걸린 시간	
00 분	15 초	분	초

창의사고력 기초 다지기 주의집중력 쑥~

다음 모양이 집에 가는 길에 각각 몇 개씩 나오는지 세어 보세요.

도전시간 16 분 00 초 | 걸린시간 분 초

1 가로세로 낱말 찾기

다음 네모에서 알고 있는 낱말을 찾아 동그라미를 해 보세요.

출	발	열	매	훗	날
투	합	과	차	실	달
명	★	미	씨	천	라
종	활	래	앗	재	지
이	용	도	착	남	다

내가 찾은 낱말 개

2 낱말 뜻 알기

다음 설명이나 그림이 뜻하는 낱말이 무엇인지 빈칸을 채워 보세요.

문제 개수 6 개

맞은 개수 개

틀린 개수 개

가 어떤 수나 식에서 다른 수나 식 더한 값과 또는 뺀 나머지 ·· □ 과 □

나 충분히 잘 이용함 ···· □ □

다 앞으로 다가올 날 ···· □ □

라

□ □ 종 이

마

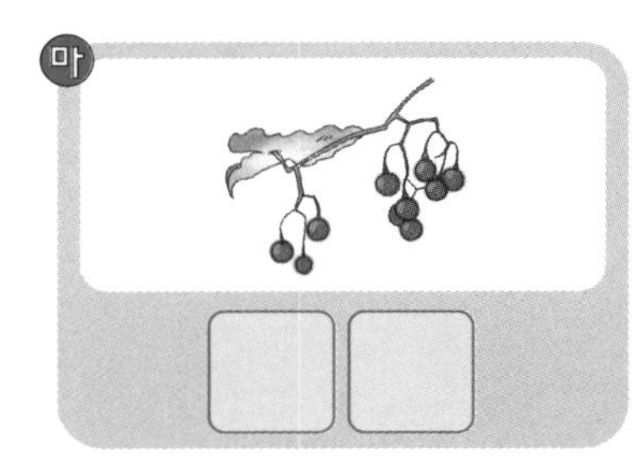

□ □

바

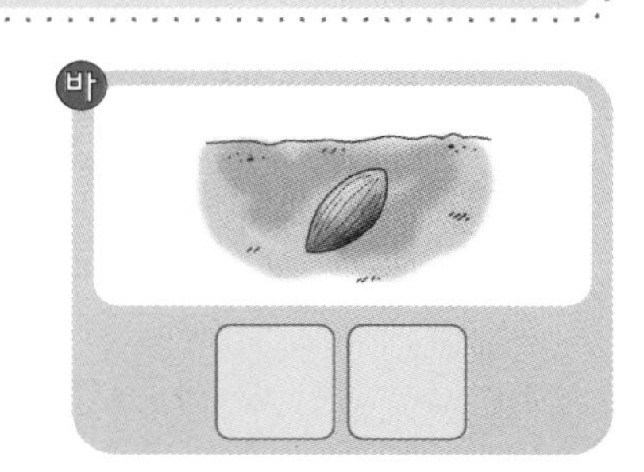

□ □

3 비슷한 말 반대말 알기

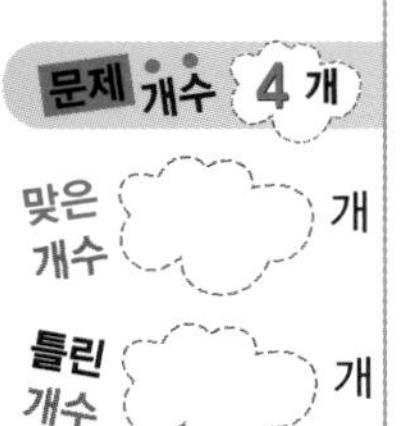

다음에서 비슷한 뜻끼리 짝지어진 것에는 '='로, 반대의 뜻끼리 짝지어진 것에는 '↔'로 나타내거나, 부호에 알맞게 낱말을 채워 보세요.

출발	↔	(㉮)
훗날	(㉯)	미래

천재	(㉰)	둔재
합	(㉱)	차

4 큰 말 작은 말 알기

낱말의 포함 관계에 따라 '<', 또는 '>'로 나타내고, 그림의 위치에 알맞게 낱말를 넣어 보세요.

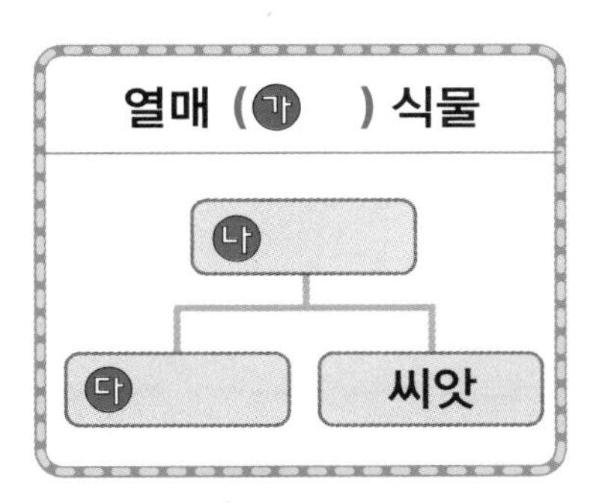

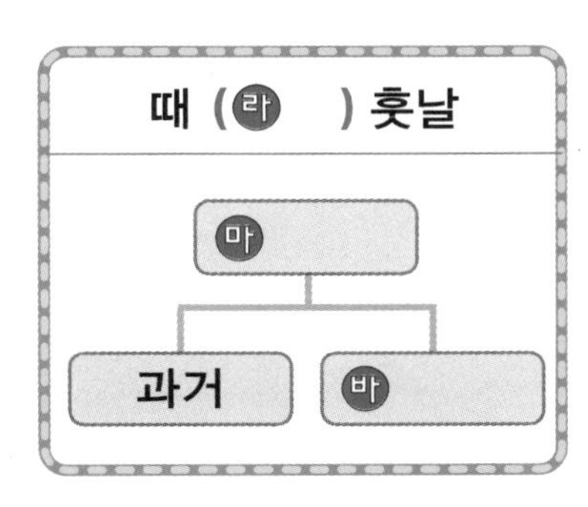

5 짝을 이루는 말 찾기

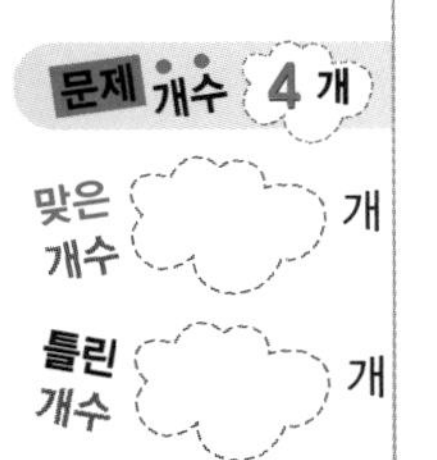

짝을 이루는 말을 찾아 동그라미 하고, 그 말의 뜻을 보기에서 찾아 번호를 쓰세요.

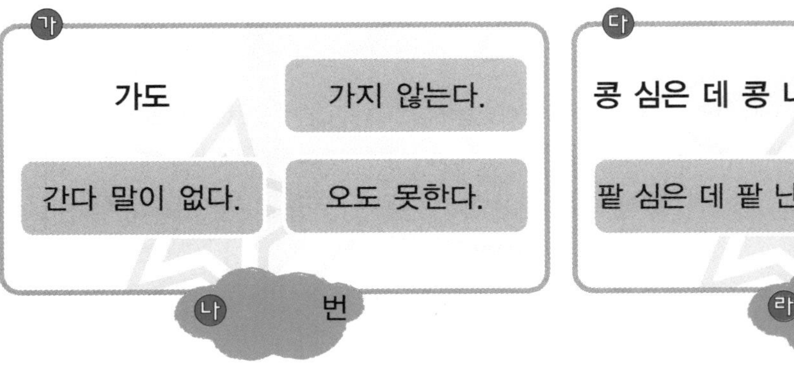

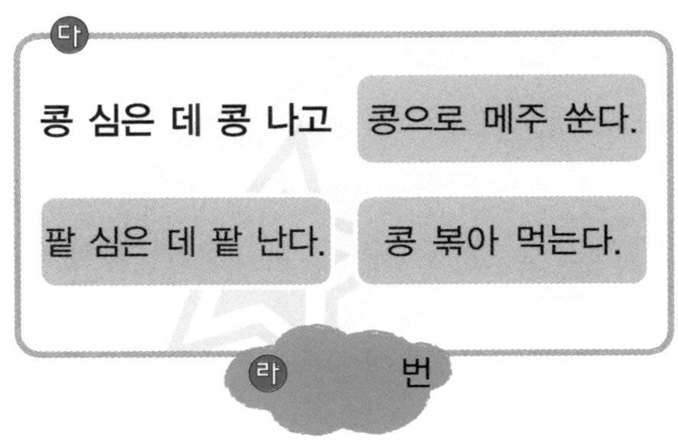

보기

① 모든 일은 근본에 따라 거기에 걸맞은 결과가 나타나는 것임.
② 한 곳에서 자리를 옮기거나 움직일 수 없는 상태가 되다.

다음 ㉮~㉱의 ( )에 알맞은 낱말을 보기에서 찾아 번호를 쓰고, ㉲의 질문에 답해 보세요.

문제 개수 5 개

맞은 개수 ( ) 개

틀린 개수 ( ) 개

㉮ 봄에 뿌린 ( )이 가을에 ( )를 맺었다.

㉯ 그림을 똑같이 베끼기 위해 그림 위에 ( )를 얹고 그림을 그렸다.

㉰ 나는 지금 작은 아이지만 ( )에는 크고 훌륭한 어른이 되어 있을 것이다.

㉱ 지금 학원에서 ( )하니까 조금 뒤에 집에 도착할 거예요.

㉲ '콩 심은 데 콩 나고 팥 심은 데 팥 난다.'를 넣어 스스로 짧은 글을 지어 보세요.

➜

보기 ① 투명 종이 ② 열매 ③ 씨앗 ④ 출발 ⑤ 훗날 ⑥ 활용

총 문제 개수 25 개 | 총 맞은 개수 ( ) 개 | 총 틀린 개수 ( ) 개

영화 자주 보지요? 애니메이션도 보고 방학마다 개봉되는 어린이 영화도 보고……. 그런데 영화를 종합 예술이라고 하는데 왜 그런지 아나요? 영화는 순간을 찍은 영상을 연속으로 돌리는 동영상을 음성, 음악과 함께 편집해 어떤 내용을 전하는 영상물이에요.

영화에는 연극, 문학, 음악, 무용, 미술이라는 요소가 녹아 있어 저마다 제 역할을 해요. 그뿐 아니라 이 예술들이 그저 합쳐진 것이 아니라 독립된 새로운 예술인 영화를 만들어 내요. 그래서 영화를 종합 예술이라고도 하고 제7예술이라고도 해요.

영화 한 편을 보면서 처음에는 이야기를, 그 다음에는 음악을, 다음에는 배우의 연기를 봐요. 그래서 좋은 영화는 보고 또 봐도 재미있고, 매번 새롭게 느껴지기도 해요. 지금까지가 글로 된 문명의 시대였다면 앞으로 다가올 시대는 영상 문명 시대예요.

머리 풀어주는 퍼즐

도전 시간		걸린 시간	
00 분	15 초	분	초

창의사고력 기초 다지기 연상추리력 쑥~

물음표 부분에 어떤 모양이 들어가야 할지 생각해 보세요.

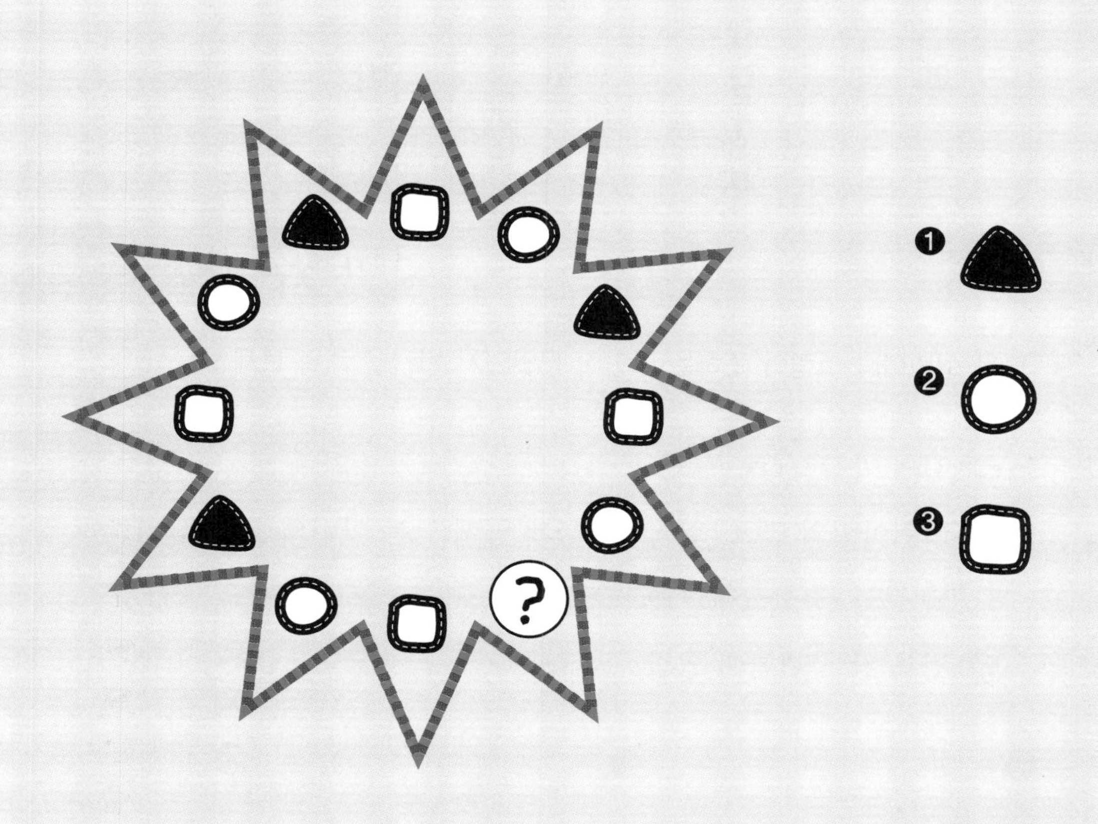

번

도전시간 11 분 00 초 | 걸린시간 분 초

1 가로세로 낱말 찾기

다음 네모에서 알고 있는 낱말을 찾아 동그라미를 해 보세요.

꼬	까	신	논	두	렁
콩	농	부	둑	낮	잠
닥	여	전	하	다	기
콩	길	꿀	밤	★	지
닥	섶	그	제	야	개

내가 찾은 낱말 개

2 낱말 뜻 알기

문제 개수 6 개

맞은 개수 개

틀린 개수 개

다음 설명이나 그림이 뜻하는 낱말이 무엇인지 빈칸을 채워 보세요.

가 길의 가장자리 ········ □□

나 어린아이의 말로, 알록달록하게 곱게 만든 아이의 신발을 이르는 말 ········ □□신

다 전과 같이 변함이 없다 ········ □□하다

라 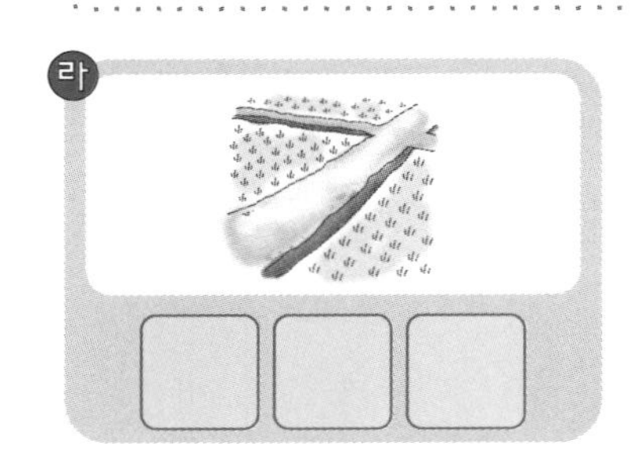 □□□

마  □□□

바 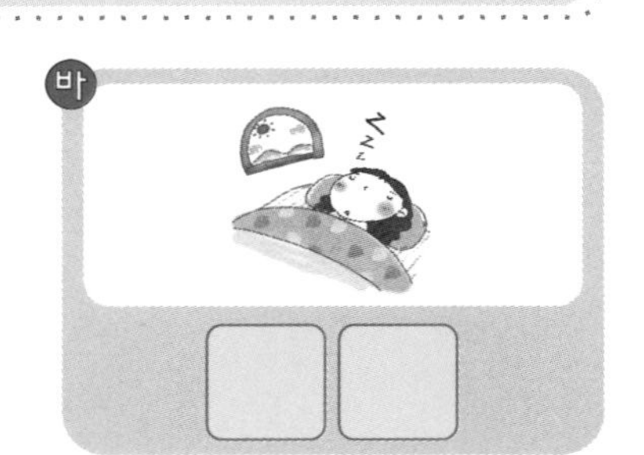 □□

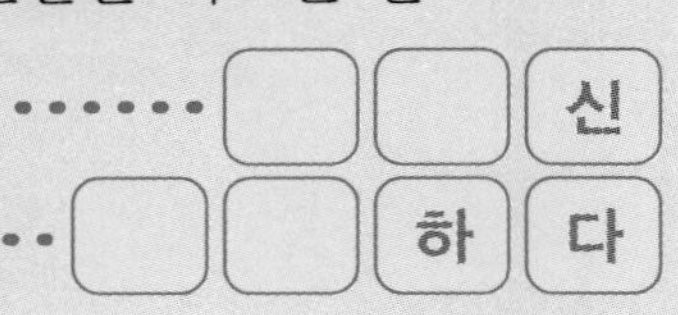

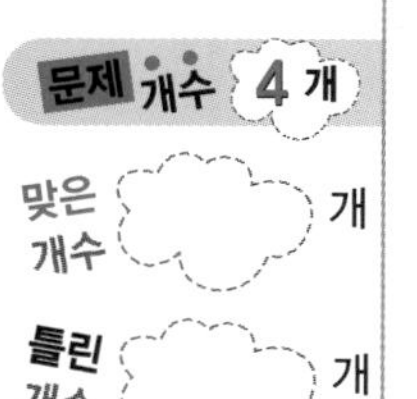

문제 개수 4 개

맞은 개수 개

틀린 개수 개

다음에서 비슷한 뜻끼리 짝지어진 것에는 '=' 로, 반대의 뜻끼리 짝지어진 것에는 '↔' 로 나타내거나, 부호에 알맞게 낱말을 채워 보세요.

때때신	=	(㉮)
낮잠	(㉯)	밤잠

논두렁	(㉰)	논둑
낮다	(㉱)	높다

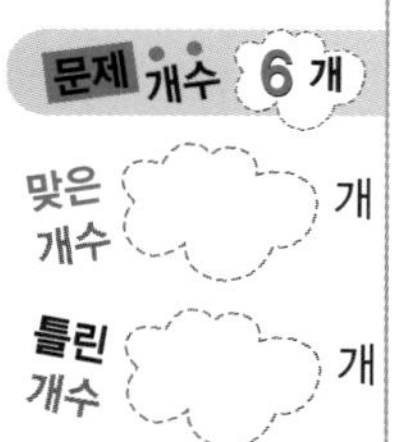

문제 개수 6 개

맞은 개수 개

틀린 개수 개

낱말의 포함 관계에 따라 '<', 또는 '>' 로 나타내고, 그림의 위치에 알맞게 낱말을 넣어 보세요.

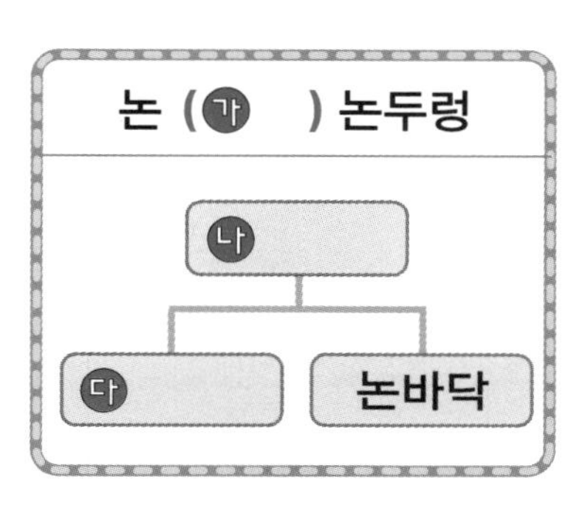

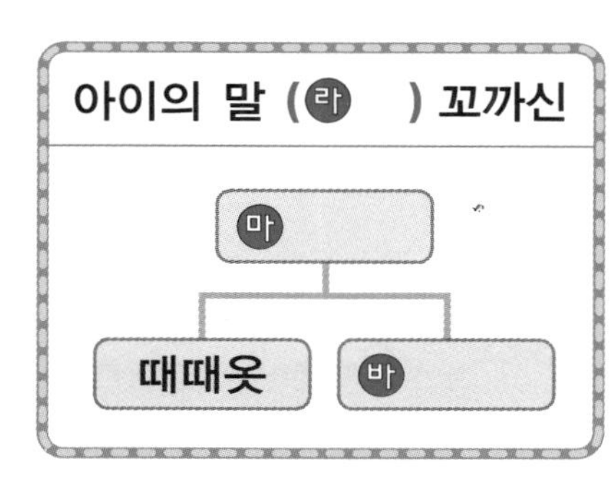

문제 개수 4 개

맞은 개수 개

틀린 개수 개

짝을 이루는 말을 찾아 동그라미 하고, 그 말의 뜻을 보기 에서 찾아 번호를 쓰세요.

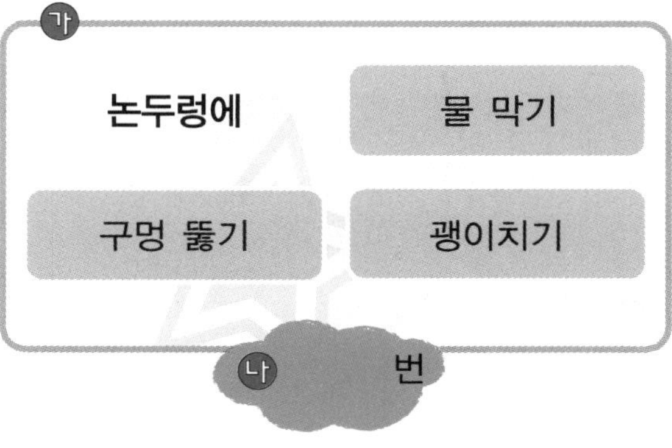

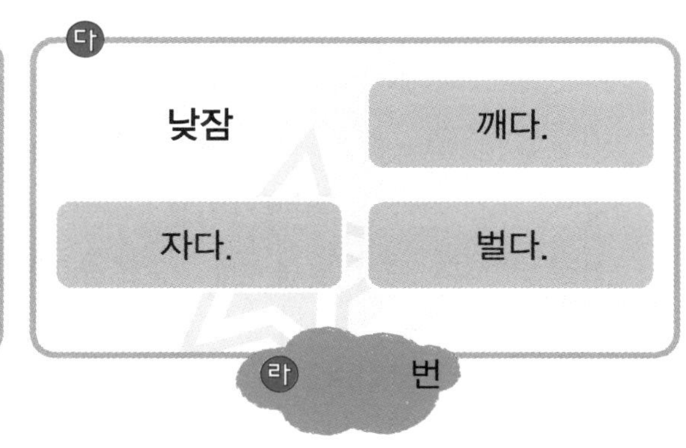

보기

① 해야 할 일을 하지 아니하고 태평하게 있다.

② 논두렁에 구멍을 뚫어 논물이 새 나가게 하는 못된 짓처럼 매우 심술이 사나운 짓.

다음 ㉮~㉱의 ( )에 알맞은 낱말을 보기에서 찾아 번호를 쓰고, ㉲의 질문에 답해 보세요.

문제 개수 5 개

맞은 개수 ( ) 개

틀린 개수 ( ) 개

㉮ 때때옷에 (   ) 신고 나들이 가야지~.

㉯ 예전이나 지금이나 친구는 (   ) 것 같았다.

㉰ (   )에서 깨어나 크게 (   )를 켰다.

㉱ 가을이라 (   )에는 코스모스가 많이 피어 있었다.

㉲ '낮잠 자다'를 넣어 스스로 짧은 글을 지어 보세요.

➜ ____________________

보기 ① 길섶 ② 꼬까신 ③ 여전한 ④ 논두렁 ⑤ 기지개 ⑥ 낮잠

총 문제 개수 25 개 | 총 맞은 개수 (   ) 개 | 총 틀린 개수 (   ) 개

프로는 전문가라고 합니다. 어떤 일을 전문으로 하거나 그런 지식이나 기술을 가진 사람 또는 직업 선수를 가리키지요. 아마추어는 비전문가라고 합니다. 예술이나 스포츠, 기술 따위를 취미로 삼아 즐겨 하는 사람을 말하지요.

엄마의 요리와 요리사의 요리는 어떤 차이가 날까요? 조기 축구회의 아빠와 축구 선수는 어떤 차이가 날까요? 프로는 직업으로 하니까 그 일로 돈을 벌고, 아마추어는 취미로 하는 거니까 돈을 못 받지요. 그런데 직장인 중에도 프로 정신을 갖고 일하는 사람과 그렇지 않은 사람이 있어요. 이럴 때 프로와 아마추어는 조금 다른 뜻이 있어요. 그저 월급만 받으면 된다는 사람은 아마추어고, 자기 미래를 생각하며 최선을 다하는 사람은 프로라고 할 수 있겠지요.

무슨 일을 할 때는 프로처럼 하세요. 놀 때도, 공부할 때도, 심지어 친구와 싸울 때도 프로처럼 하세요. 그래야 자기 발전이 있게 된답니다.

머리 풀어주는 퍼즐

도전 시간	
00 분	15 초

걸린 시간	
분	초

창의사고력 기초 다지기 판단능력 쑥~

홀수만 들어 있는 가방은 무엇일까요?

❶

❷

❸

❹

번

도전시간		걸린시간	
13 분	00 초	분	초

1 가로세로 낱말 찾기

다음 네모에서 알고 있는 낱말을 찾아 동그라미를 해 보세요.

장	난	감	옷	지	각
애	주	위	어	퍼	즐
인	사	로	른	★	겁
정	위	★	조	르	다
돈	제	자	리	짜	증

내가 찾은 낱말 ( ) 개

2 낱말 뜻 알기

다음 설명이나 그림이 뜻하는 낱말이 무엇인지 빈칸을 채워 보세요.

문제 개수 6 개

맞은 개수 ( ) 개

틀린 개수 ( ) 개

가 어떤 곳의 바깥 둘레나 사물 또는 사람을 둘러싸고 있는 환경 ··· □□

나 다른 사람에게 차지고 끈덕지게 무엇을 자꾸 요구하다 ···· □□다

다 본래 있던 자리나 마땅히 있어야 할 자리 ··············· □□□

라 □□□

마 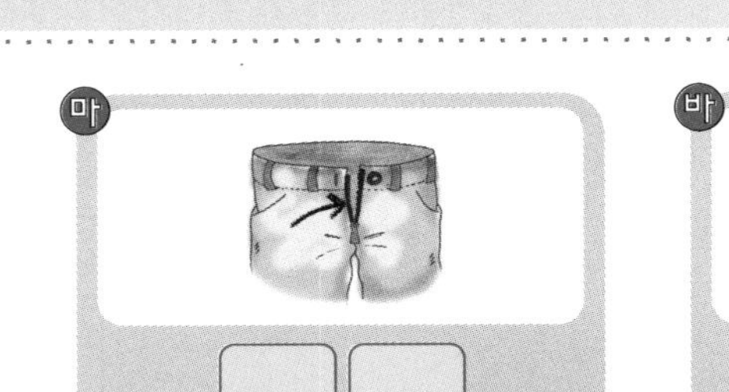 □□

바  □□□

3 비슷한 말 반대말 알기

문제 개수 4 개

맞은 개수 ( ) 개

틀린 개수 ( ) 개

다음에서 비슷한 뜻끼리 짝지어진 것에는 '=' 로, 반대의 뜻끼리 짝지어진 것에는 '↔' 로 나타내거나, 부호에 알맞게 낱말을 채워 보세요.

손아래	↔	(㉮)
짜증	(㉯)	역정

즐겁다	(㉰)	슬프다
조르다	(㉱)	떼쓰다

낱말의 포함 관계에 따라 '<', 또는 '>' 로 나타내고, 그림의 위치에 알맞게 낱말을 넣어 보세요.

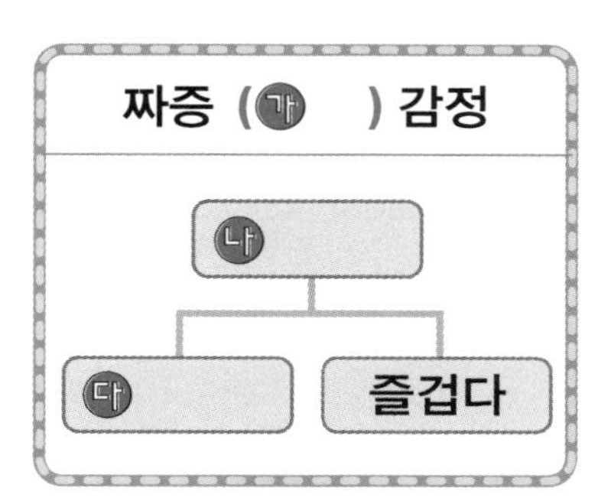

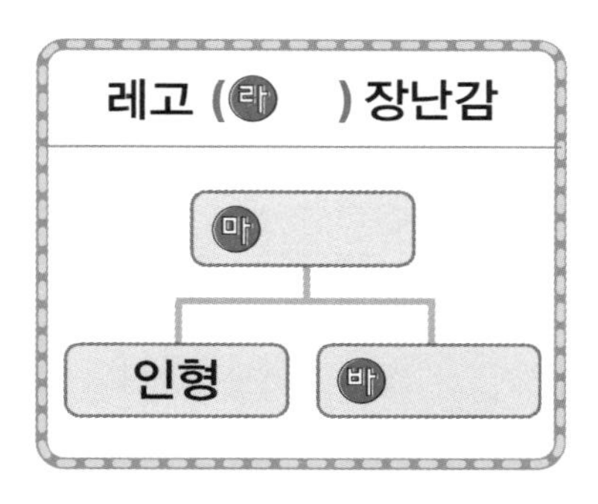

5 짝을 이루는 말 찾기

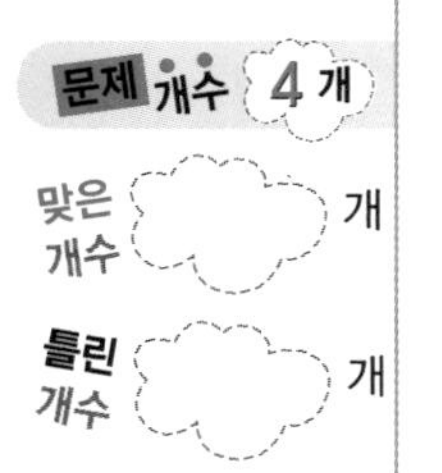

짝을 이루는 말을 찾아 동그라미 하고, 그 말의 뜻을 보기 에서 찾아 번호를 쓰세요.

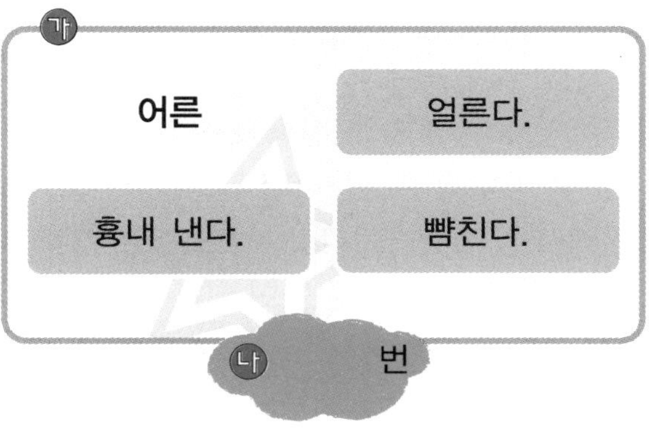

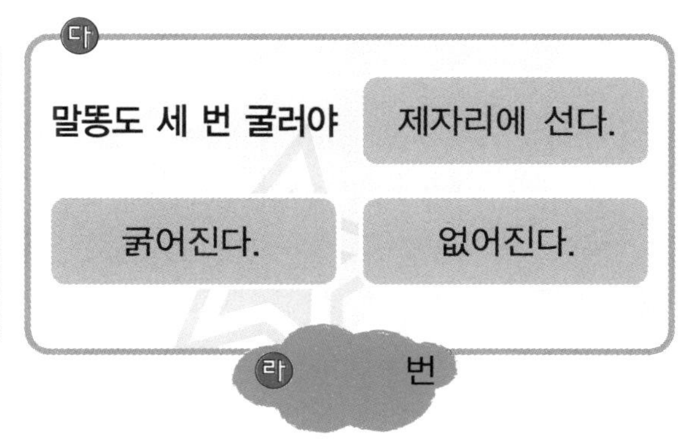

보기

① 아이가 어른도 못 당할 만큼 영악하다.

② 무슨 일이나 여러 번 해 봐야 제자리가 잡힌다.

다음 (가)~(라)의 ( )에 알맞은 낱말을 보기에서 찾아 번호를 쓰고, (마)의 질문에 답해 보세요.

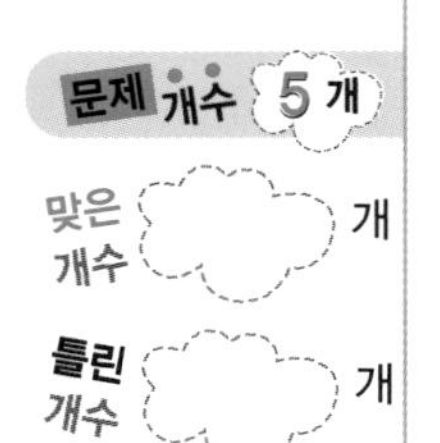

(가) 쓰고 난 물건은 항상 ( )에 정리해 두어야 한다.

(나) 게임의 순서는 ( )를 던져 큰 수가 나오는 사람이 먼저 하는 걸로 하자.

(다) 위급한 일을 당했을 때는 소리를 질러 ( )에 도움을 청해야 한다.

(라) 동생은 원하는 일이 이루어질 때까지 엄마를 ( ) 고집을 부린다.

(마) 어른 빰친다' 를 넣어 스스로 짧은 글을 지어 보세요.

➜ --

보기 ① 주위 ② 조르고 ③ 제자리 ④ 장난감 ⑤ 지각 ⑥ 주사위

총 문제 개수 25 개 | 총 맞은 개수 개 | 총 틀린 개수 개

피디아스(Phidias)는 그리스 최고의 조각가입니다. 제우스 신상과 아테나 여신상의 총지휘를 맡은 이가 바로 피디아스인데, 그때 그의 나이 35살이었습니다. 고대 그리스 인들은 도시마다 제우스를 모시는 신전을 짓고 성대한 제사를 지냈습니다. 그중에서도 최고가 올림피아에 안치된 제우스 신상입니다. 피디아스는 8년여의 작업 끝에 높이 90cm, 폭 6.65m 받침대 위에 키 높이가 12m 정도 되는 거대 신상을 완성하였습니다.

제우스 신전의 발굴은 1875년쯤에 독일 정부의 발굴 작업으로 올림피아의 전체 모습이 드러났습니다. 이때 제우스 상이 있던 신전도 거의 드러났습니다. 제우스 상은 고대 7대 불가사의 중 하나로 선정되기도 했습니다. 안타깝게도 걸작 중의 걸작 제우스 상은 현재 남아 있지 않습니다.

머리 풀어주는 퍼즐

도전 시간	걸린 시간
00 분 15 초	분 초

창의사고력 기초 다지기 정보처리능력 쑥~

다음 그림과 같은 그림 하나를 찾아보세요.

❶ 

❷ 

❸ 

❹ 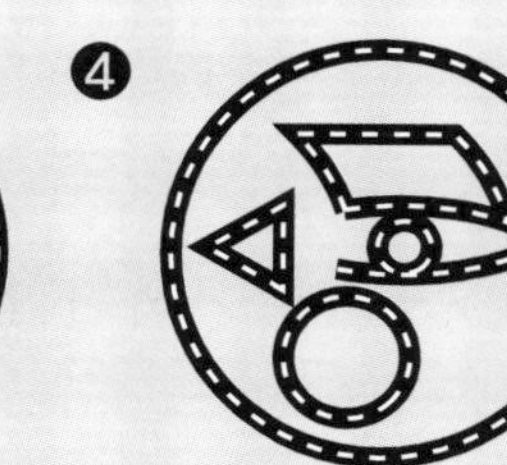

도전시간 14 분 00 초 | 걸린시간 분 초

1 가로세로 낱말 찾기

다음 네모에서 알고 있는 낱말을 찾아 동그라미를 해 보세요.

★	양	파	어	리	다
응	달	맛	이	★	루
지	이	알	갱	이	다
금	웃	차	나	중	★
자	라	다	★	푯	말

내가 찾은 낱말 개

2 낱말 뜻 알기

다음 설명이나 그림이 뜻하는 낱말이 무엇인지 빈칸을 채워 보세요.

가 햇볕이 잘 드는 곳 ☐☐

나 속이 꽉 차거나 내용이 아주 충실하다 ☐☐다

다 가까이 있어서 경계가 서로 붙어 있는 것 또는 그런 집이나 사람 ☐☐

라
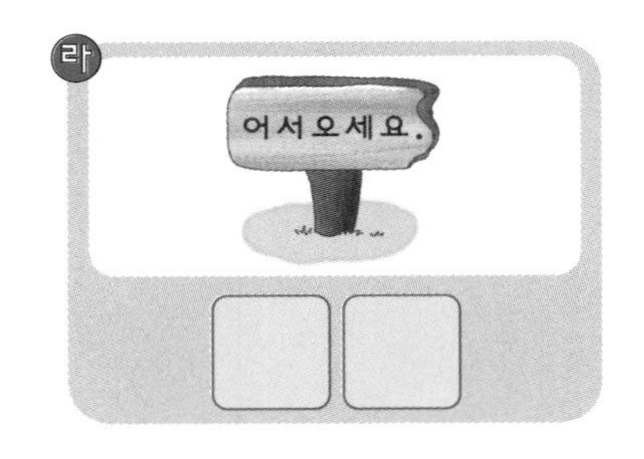

☐☐

마

☐☐

바
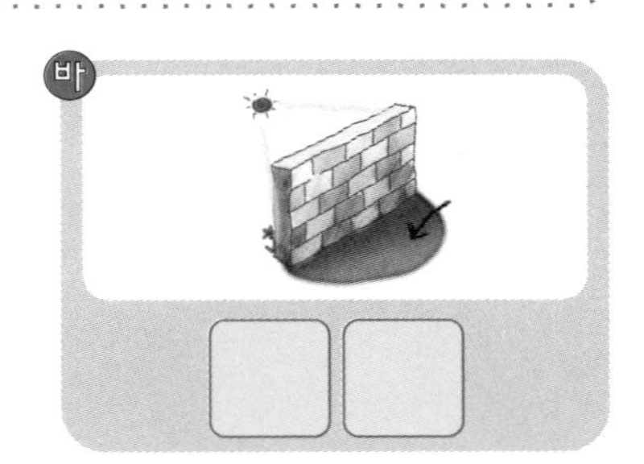
☐☐

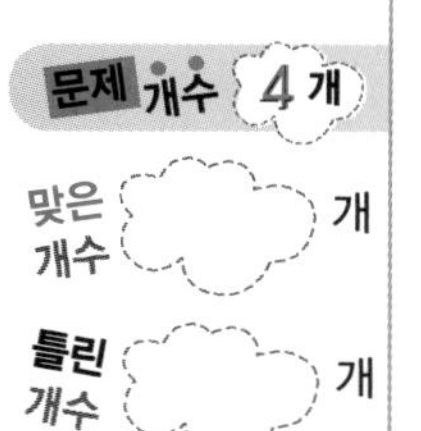

문제 개수 4 개

맞은 개수 개

틀린 개수 개

다음에서 비슷한 뜻끼리 짝지어진 것에는 '='로, 반대의 뜻끼리 짝지어진 것에는 '↔'로 나타내거나, 부호에 알맞게 낱말을 채워 보세요.

양달	↔	(㉮)
지금	(㉯)	나중

알차다	(㉰)	실속 있다
자라다	(㉱)	크다

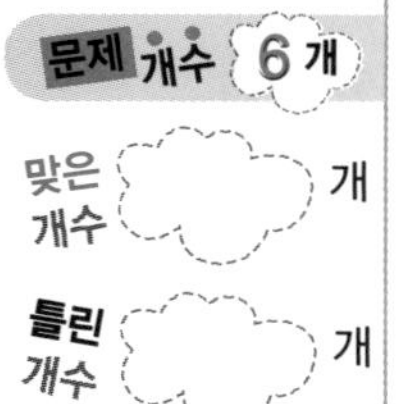

문제 개수 6 개

맞은 개수 개

틀린 개수 개

낱말의 포함 관계에 따라 '<', 또는 '>'로 나타내고, 그림의 위치에 알맞게 낱말을 넣어 보세요.

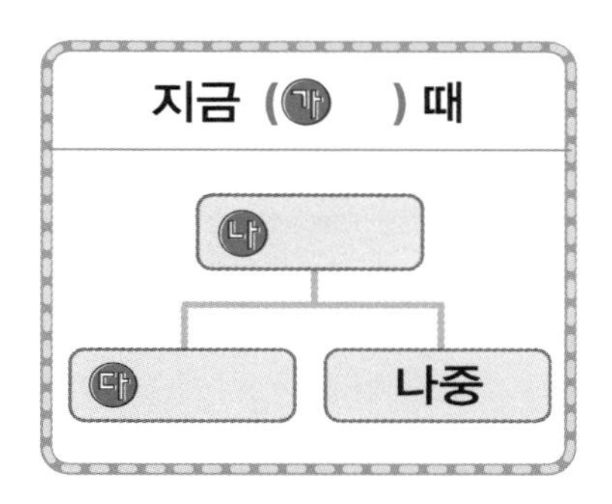

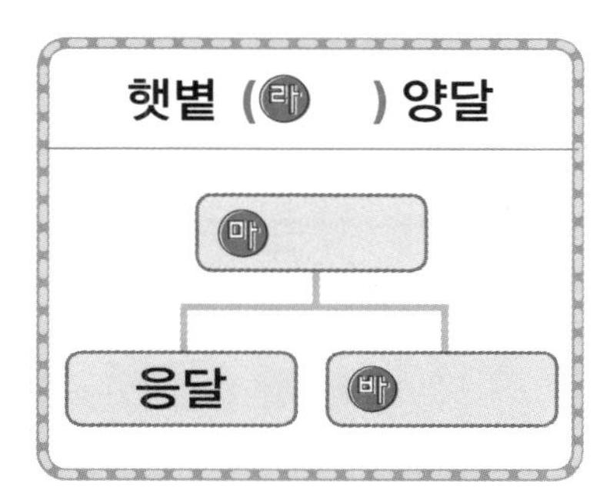

문제 개수 4 개

맞은 개수 개

틀린 개수 개

짝을 이루는 말을 찾아 동그라미 하고, 그 말의 뜻을 보기에서 찾아 번호를 쓰세요.

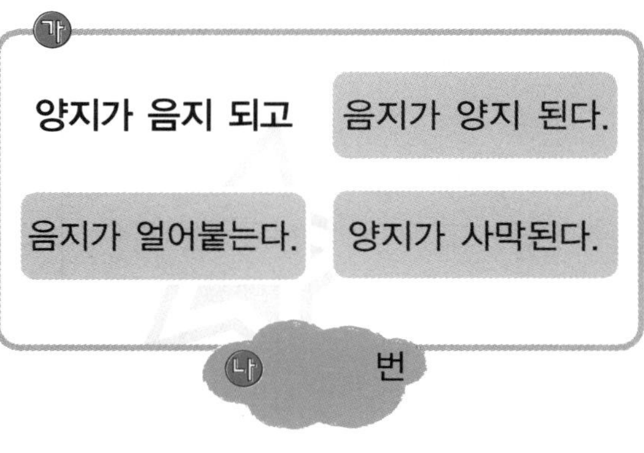

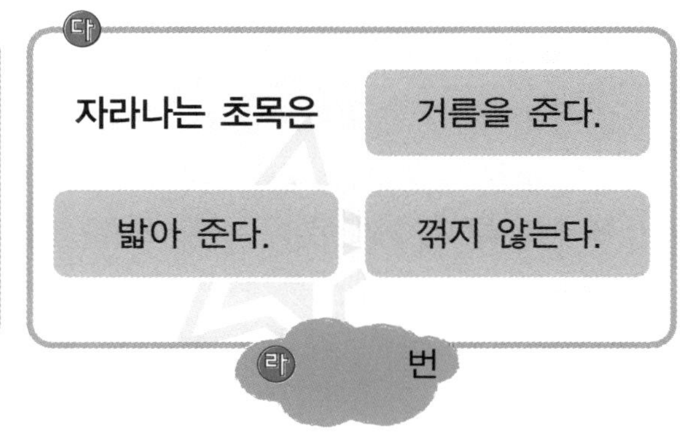

보기

① 세상 일이란 돌고 도는 것이어서 처지가 뒤바뀌게 마련임.

② 젊은이들의 꿈과 희망을 꺾거나 말리지 말아야 함.

다음 가 ~ 라 의 ( )에 알맞은 낱말을 보기 에서 찾아 번호를 쓰고, 마 의 질문에 답해 보세요.

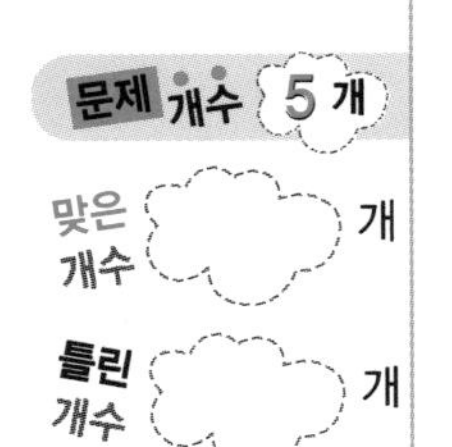

가 이 다음에 내가 어른으로 (   ) 부모님께 좋은 집을 지어 드릴 것이다.

나 철수와 나는 친구이기도 하지만 위아래 층에 사는 (   )이기도 한다.

다 선생님이 오실 때가 다 되었다. 밀린 학습지 숙제를 (   )이라도 해야겠다.

라 동물원에는 사자 우리로 가는 길이 (   )로 잘 안내되어 있었다.

마 '알차다' 를 넣어 스스로 짧은 글을 지어 보세요.

→ --

보기 ① 양달 ② 알차다 ③ 이웃 ④ 푯말 ⑤ 지금 ⑥ 자라면

총 문제 개수 25 개	총 맞은 개수 개	총 틀린 개수 개

우리는 평등하게 대우 받는 게 너무나 당연한 일이라 생각해요. 동생에게는 잘해 주고 나에게 못해 준다면 아주 기분 나빠요. 우리나라 법에도 모든 국민은 평등하다고 했어요. 하지만 이렇게 누구나 평등하게 대하는 것이 그렇게 오래된 일은 아니에요.

사람들이 신분, 피부색, 종교, 국적, 출신 지역, 성별이 다르다는 이유로 차별 받았어요.

그런데 무조건 똑같이 대하는 게 평등일까요? 하루 종일 열심히 일한 사람과 빈둥거리며 일한 사람도 평등하게 월급을 똑같이 주어야 할까요? 또 열 살 먹은 아이, 서른 먹은 아저씨, 칠십 먹은 할머니한테 사과 100개를 따와야 사과를 하나씩 준다고 한다면 이것은 평등한 걸까요? 평등은 그저 똑같기만 한 것은 아니에요. 형편과 사정을 고려한 평등이 필요하지요.

머리 풀어주는 퍼즐

공부를 시작할 때도 준비운동이 필요하다고! 하나둘 하나둘

도전 시간		걸린 시간	
00 분	15 초	분	초

창의사고력 기초 다지기 

2발씩 쏜 과녁이 있습니다. 점수의 합이 가장 낮은 과녁은 무엇일까요?

❶ 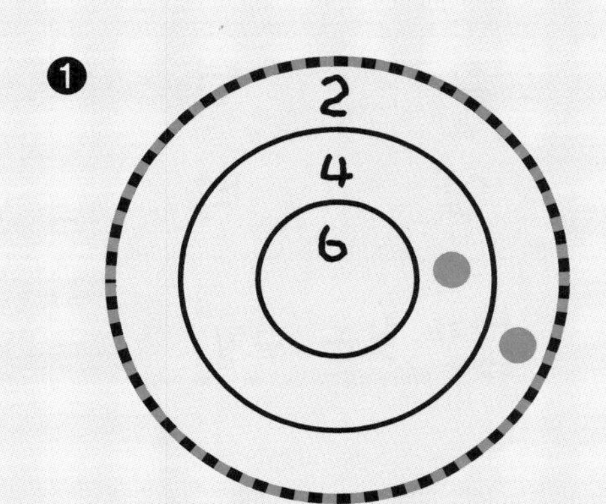

❷ 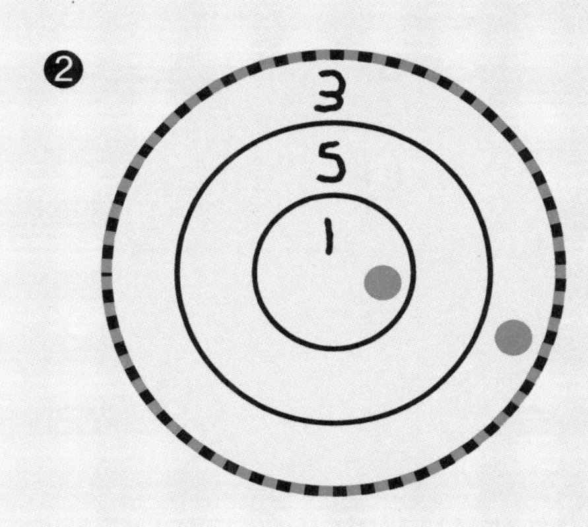

❸ 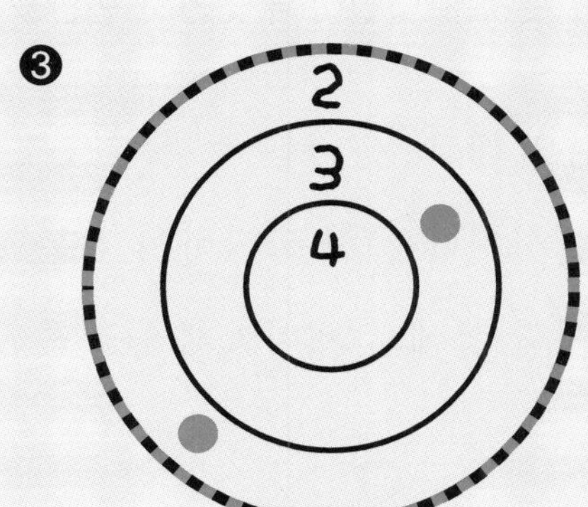

번

도전시간 15 분 00 초 | 걸린시간 분 초

1 가로세로 낱말 찾기

다음 네모에서 알고 있는 낱말을 찾아 동그라미를 해 보세요.

늦	돛	곤	★	덜	컥
게	단	하	등	잔	불
나	배	다	훔	치	다
마	동	화	구	연	동
낙	서	★	덥	석	상

내가 찾은 낱말 개

2 낱말 뜻 알기

다음 설명이나 그림이 뜻하는 낱말이 무엇인지 빈칸을 채워 보세요.

문제 개수 6 개

맞은 개수 개

틀린 개수 개

가 늦었지만 아쉬운 대로 ··························· 

나 기운 없이 나른하거나 몹시 고단하여 잠든 상태가 깊다 ···· □□ 다

다 동화를 여러 사람 앞에서 재미있게 들려줌 ···········  

라 

□□ 배

마 

□□

바 

□□

비슷한 말 반대말 알기

문제 개수 4 개

맞은 개수 ( ) 개

틀린 개수 ( ) 개

다음에서 비슷한 뜻끼리 짝지어진 것에는 '='로, 반대의 뜻끼리 짝지어진 것에는 '↔'로 나타내거나, 부호에 알맞게 낱말을 채워 보세요.

노곤하다	=	(㉮)
잔치	(㉯)	연회

훔치다	(㉰)	도둑질하다
돛단배	(㉱)	범선

낱말의 포함 관계에 따라 '<', 또는 '>'로 나타내고, 그림의 위치에 알맞게 낱말을 넣어 보세요.

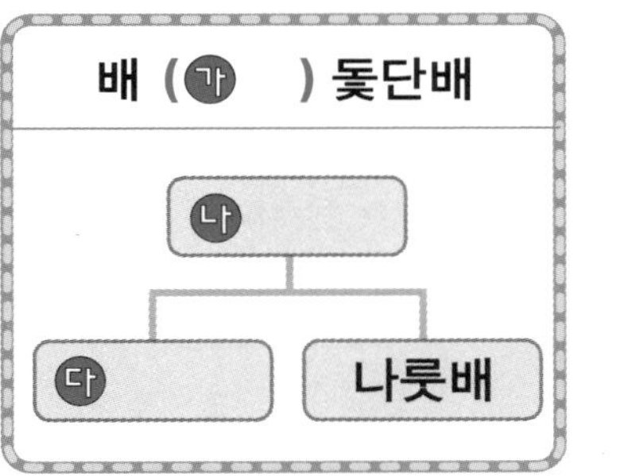

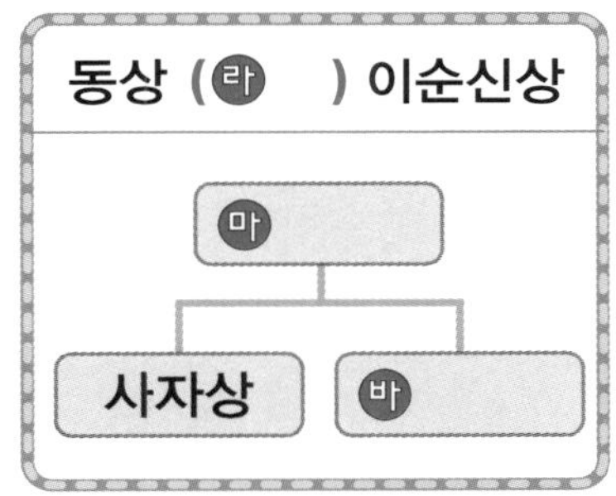

짝을 이루는 말 찾기

짝을 이루는 말을 찾아 동그라미 하고, 그 말의 뜻을 보기에서 찾아 번호를 쓰세요.

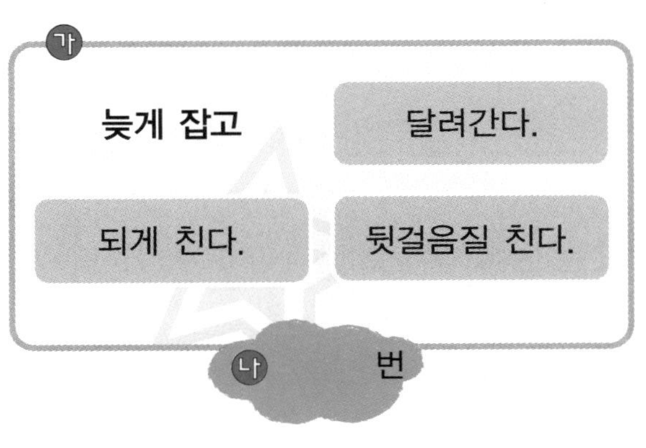

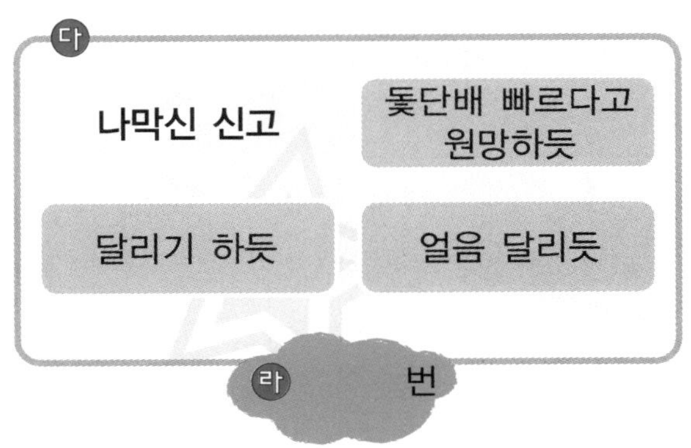

보기

① 늦장을 부리면 나중에 급히 서둘러야 하기 때문에 더 큰 어려움을 겪게 됨.

② 자기가 뒤떨어진 것은 깨닫지 못하고 남이 빨리 나아가는 것만 원망함.

다음 ㉮~㉱의 ( )에 알맞은 낱말을 보기에서 찾아 번호를 쓰고, ㉲의 질문에 답해 보세요.

㉮ 체육 시간에 달리기를 했더니 오늘은 다른 날보다 몸이 더 (   ).

㉯ 거짓말을 한 것은 잘못이지만 (   ) 죄를 뉘우치고 있으니 용서해 주자.

㉰ 우리 학교는 세종대왕 (   )을 세워 백성을 위해 애썼던 마음을 본받고자 한다.

㉱ 낯선 아주머니가 손목을 (   ) 잡아서 깜짝 놀랐다.

㉲ '덜컥' 을 넣어 스스로 짧은 글을 지어 보세요.

➜ ____

보기 ① 늦게나마 ② 곤하다 ③ 돛단배 ④ 낙서 ⑤ 동상 ⑥ 덥석

총 문제 개수 25 개 | 총 맞은 개수 ( ) 개 | 총 틀린 개수 ( ) 개

'낮말은 새가 듣고 밤말은 쥐가 듣는다' 는 말을 함부로 하지 말고 조심하라는 뜻입니다. 그런데 이 말에 과학이 숨어 있어요. 음파라는 파동이 소리를 전합니다. 이 파동은 밀도가 낮은 쪽에서 높은 쪽으로 휘어 꺾여 나갑니다. 온도가 높으면 밀도가 낮아지고, 온도가 낮으면 밀도는 높아집니다. 낮에는 땅 표면보다 위쪽의 온도가 높아 소리가 위쪽으로 퍼져 나갑니다. 그러니 낮말은 하늘을 나는 새가 듣습니다. 반면 밤에는 공기보다 땅 표면이 늦게 식어 땅 쪽의 온도가 더 높아 소리가 땅 쪽으로 휘지요. 그러니 밤말은 쥐가 듣게 되는 겁니다. 이 속담에는 이런 과학이 숨어 있었네요.

하지만 더 중요한 게 있어요. 다른 사람의 맘을 상하게 하는 말은 언제나 조심해야 합니다. 말 한마디로 천 냥 빚을 갚는다는 말도 있잖아요. 여러분! 좋은 말로 친구들 마음에 힘을 주세요.

머리 풀어주는 퍼즐

공부를 시작할 때도 준비운동이 필요하다고! 하나둘 하나둘

도전 시간		걸린 시간	
00 분	20 초	분	초

창의사고력 기초 다지기 　주의집중력 쑥~

집으로 가는 길이 4가지가 있습니다. 가는 도중에 네모 모양이 가장 많은 길은 몇 번일까요?

번

도전시간 13 분 00 초 걸린시간 분 초

1 가로세로 낱말 찾기

다음 네모에서 알고 있는 낱말을 찾아 동그라미를 해 보세요.

방	앗	간	노	인	★
새	싹	술	랫	형	어
순	★	래	말	극	깨
꼬	리	잡	기	둥	동
모	종	기	닭	다	무

내가 찾은 낱말 개

2 낱말 뜻 알기

다음 설명이나 그림이 뜻하는 낱말이 무엇인지 빈칸을 채워 보세요.

㉮ 옮겨 심으려고 가꾼, 벼 이외의 온갖 어린 식물 ☐☐

㉯ 여럿 중 한 명이 술래가 되어 다른 숨은 아이들을 찾아내는 놀이 ☐☐잡☐

㉰ 곡식 따위를 찧거나 빻는 기구나 설비로 곡식을 찧거나 빻는 곳 ☐☐☐

㉱ 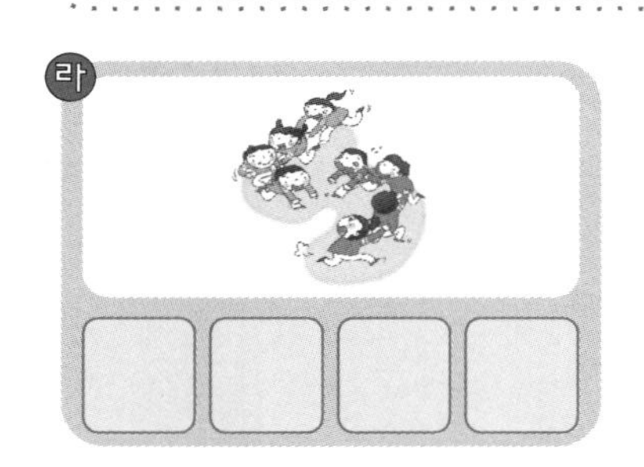 ☐☐☐☐

㉲  ☐☐☐☐

㉳ 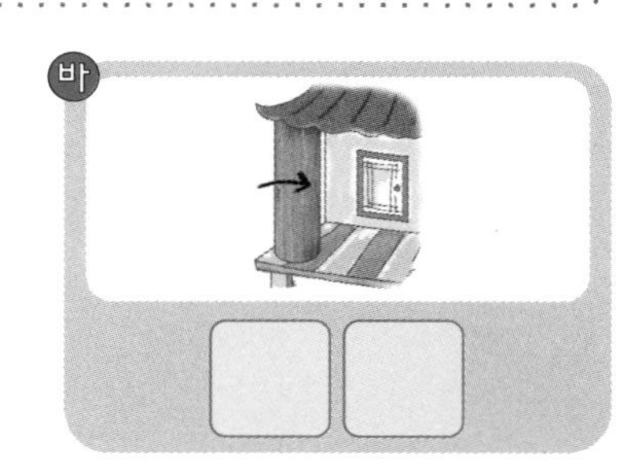 ☐☐

3 비슷한 말 반대말 알기

다음에서 비슷한 뜻끼리 짝지어진 것에는 '='로, 반대의 뜻끼리 짝지어진 것에는 '↔'로 나타내거나, 부호에 알맞게 낱말을 채워 보세요.

새싹	=	(가)
닳다	(나)	떨어지다

노랫말	(다)	가사
초기	(라)	말기

4 큰 말 작은 말 알기

낱말의 포함 관계에 따라 '<', 또는 '>'로 나타내고, 그림의 위치에 알맞게 낱말을 넣어 보세요.

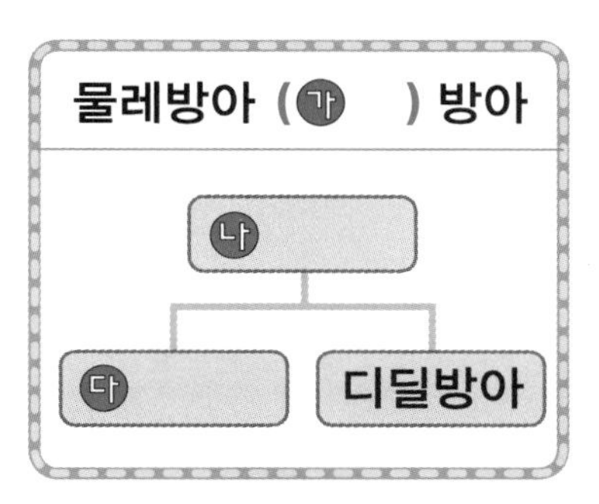

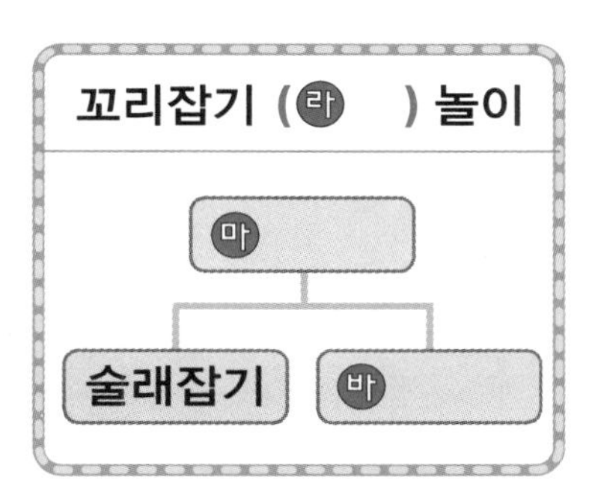

5 짝을 이루는 말 찾기

짝을 이루는 말을 찾아 동그라미 하고, 그 말의 뜻을 보기 에서 찾아 번호를 쓰세요.

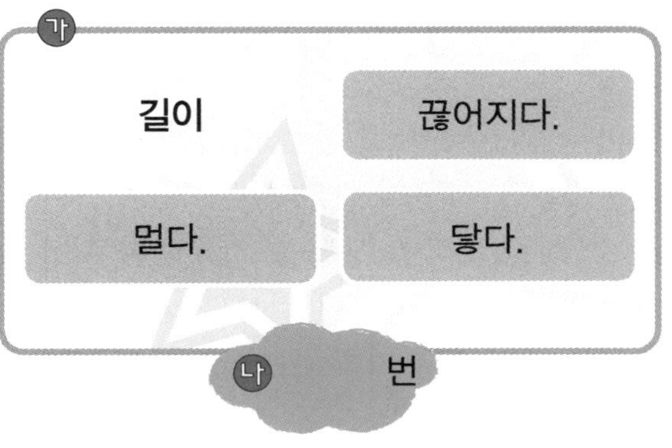

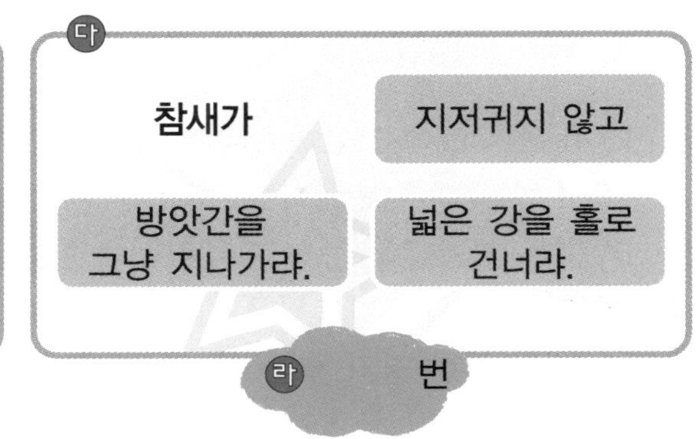

보기

① 자기가 좋아하는 곳은 그대로 지나치지 못함.
② 어떤 일을 하기 위한 관계가 맺어지다.

다음 ㉮~㉱의 ( )에 알맞은 낱말을 보기에서 찾아 번호를 쓰고, ㉲의 질문에 답해 보세요.

문제 개수 5 개

맞은 개수 ( ) 개

틀린 개수 ( ) 개

㉮ 나보다 키가 큰 친구와 ( )를 하려니 조금 불편했다.

㉯ 따로 심어 기른 ( )을 밭에 옮겨 심었다.

㉰ 천막 중간 중간에 ( )을 세워 천막이 무너지는 것을 막았다.

㉱ 노래를 듣다 보면 ( )이 너무 좋아 저절로 따라 부르게 되는 노래들이 있다.

㉲ '길이 닿다'를 넣어 스스로 짧은 글을 지어 보세요.

→

보기 ① 모종 ② 꼬리잡기 ③ 어깨동무 ④ 기둥 ⑤ 노랫말 ⑥ 방앗간

총 문제 개수 25 개 | 총 맞은 개수 ( ) 개 | 총 틀린 개수 ( ) 개

스포츠 경기를 보면 선수들이 등장할 때마다 해설자가 그 선수의 기록을 알려 주는데 기억하기 힘든 내용도 많아요. 해설자는 이 많은 내용을 어떻게 알고 있을까요?

모든 경기에는 공식 기록원들이 있어요. 기록원은 각종 상황을 기록하여 자료로 활용하도록 제공하지요. 기록원은 기록지에 날짜나 장소 같은 기본적인 것부터 날씨, 관중 수, 유니폼 색상, 정확한 경기 시작 시간, 감독, 심판 이름까지 모두 기록해요. 경기 기록은 종목에 따라 다른데 정해진 규칙이 있어요. 객관적으로 살펴볼 수 있는 모든 것을 담아내는 게 기록원의 임무예요.

기록원이 되려면 그 종목에 대한 많은 지식과 관심이 필요해요. 그래서 체육 전공자나 선수 출신 기록원이 많이 있어요.

도전 시간		걸린 시간	
00 분	15 초	분	초

창의사고력 기초 다지기 연상추리력 쑥~

다음 조각이 들어가면 꼭 맞을 곳이 어디인지 찾아 보세요.

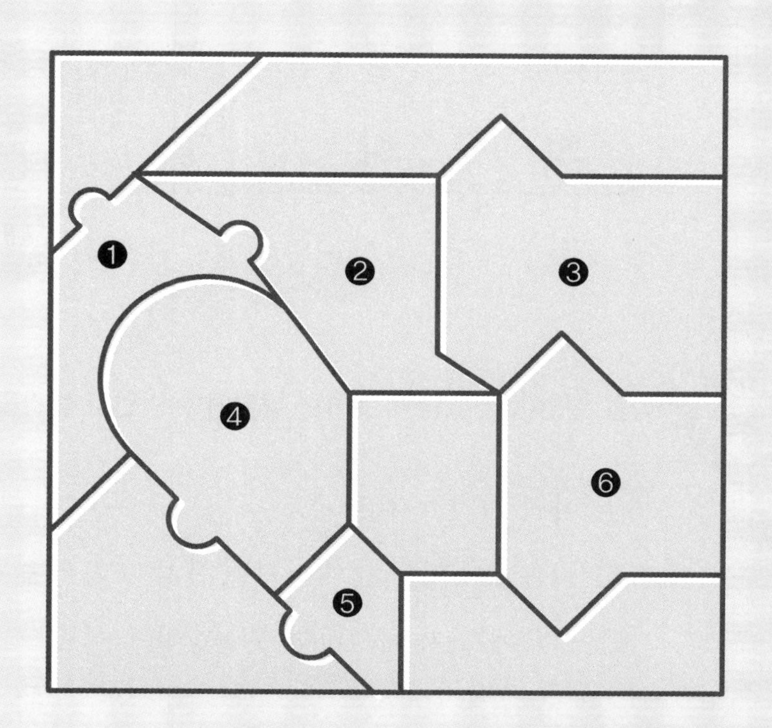

번

도전시간 14 분 00 초 | 걸린시간 분 초

1 가로세로 낱말 찾기

다음 네모에서 알고 있는 낱말을 찾아 동그라미를 해 보세요.

모	기	미	벼	룩	호
입	맛	처	★	사	수
바	방	바	닥	냥	★
다	불	평	발	걸	음
되	약	볕	목	적	지

내가 찾은 낱말 개

2 낱말 뜻 알기

다음 설명이나 그림이 뜻하는 낱말이 무엇인지 빈칸을 채워 보세요.

문제 개수 6 개

맞은 개수 개

틀린 개수 개

- ㉮ 아직 거기까지는 ☐☐
- ㉯ 여름날에 강하게 내리쬐는 몹시 뜨거운 볕 ☐☐☐
- ㉰ 마음에 들지 아니하여 못마땅하게 여김 ☐☐

㉱

☐☐

㉲

☐☐

㉳

☐☐

3 비슷한 말 반대말 알기

문제 개수 4 개

다음에서 비슷한 뜻끼리 짝지어진 것에는 '='로, 반대의 뜻끼리 짝지어진 것에는 '↔'로 나타내거나, 부호에 알맞게 낱말을 채워 보세요.

식욕	=	(가)
발걸음	(나)	걸음

뙤약볕	(다)	땡볕
바다	(라)	육지

4 큰 말 작은 말 알기

문제 개수 6 개

낱말의 포함 관계에 따라 '<', 또는 '>'로 나타내고, 그림의 위치에 알맞게 낱말을 넣어 보세요.

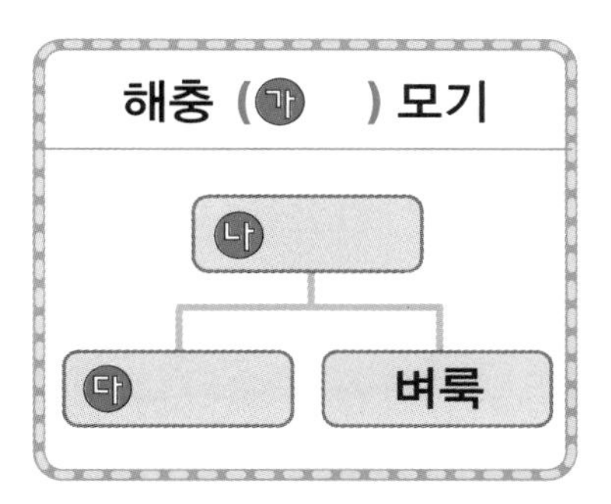

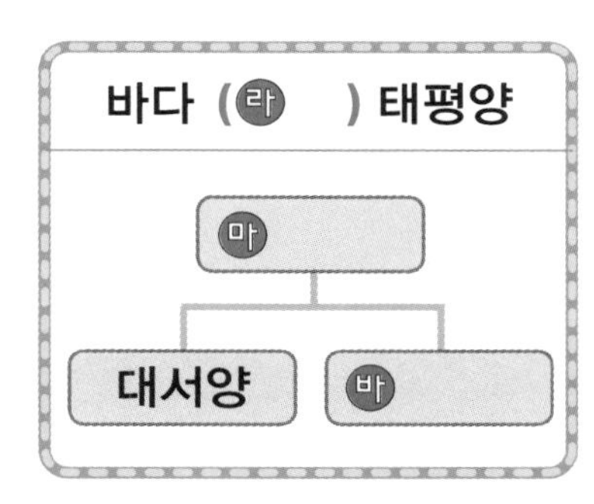

5 짝을 이루는 말 찾기

문제 개수 4 개

짝을 이루는 말을 찾아 동그라미 하고, 그 말의 뜻을 보기에서 찾아 번호를 쓰세요.

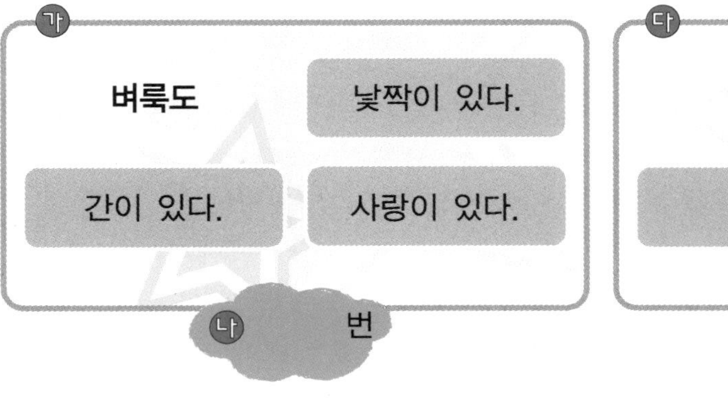

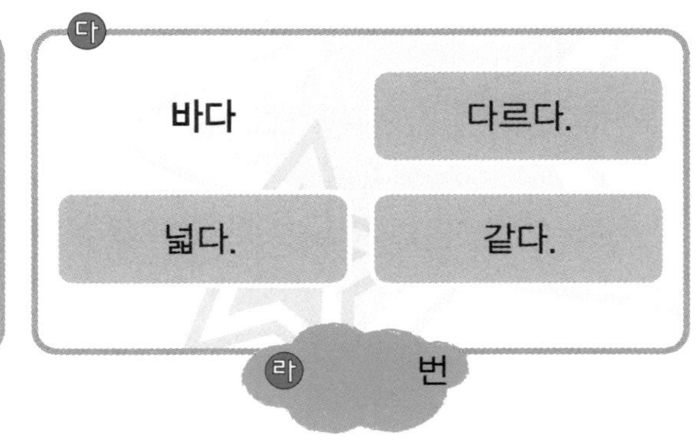

보기

① 사람이 체면이 없어서야 되겠느냐는 말.

② 매우 넓거나 깊다는 뜻.

다음 가~라의 ( )에 알맞은 낱말을 보기에서 찾아 번호를 쓰고, 마의 질문에 답해 보세요.

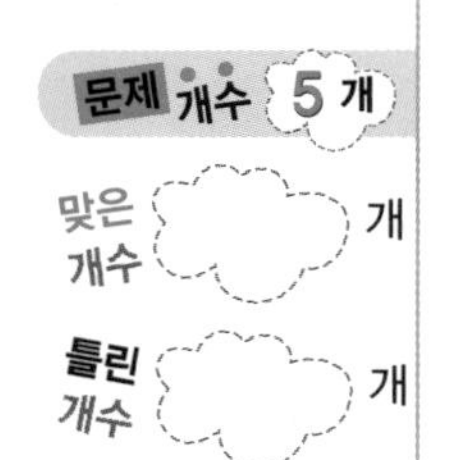

가 겨울의 찬바람과 여름의 (   )을 견디며 나라를 위해 애쓰는 분들을 기억하자.

나 만족을 모르는 사람은 항상 (   )으로 시간을 보낸다.

다 (   )에게 물린 곳이 가려워서 약을 발랐다.

라 놀러 나간 동생을 (   ) 생각하지 못하고 과자를 혼자 다 먹었다.

마 '바다 같다'를 넣어 스스로 짧은 글을 지어 보세요.

➜ --

보기 ① 미처 ② 뙤약볕 ③ 불평 ④ 모기 ⑤ 호수 ⑥ 사냥

총 문제 개수 (25)개 | 총 맞은 개수 (   )개 | 총 틀린 개수 (   )개

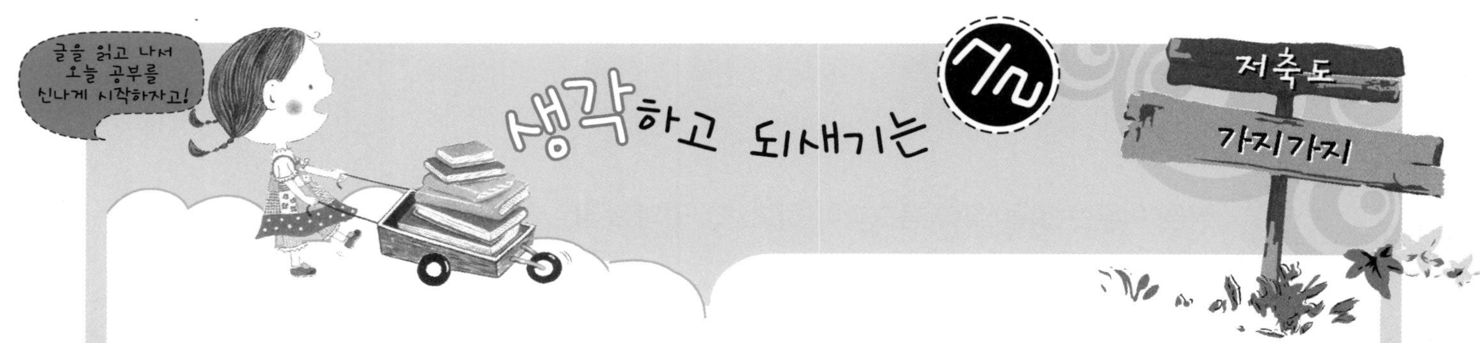

채린이는 돈만 생기면 저금통에 모아요. 동전도 모으고 지폐도 모아요. 저금통이 차면 새마을 금고로 가지고 가요. 어려서부터 그렇게 해서 그냥 버릇처럼 그렇게 해요. 원래 그렇게 하는 건 줄 알았거든요. 학교 경제 교육 시간에 저축 이야기가 나왔어요. 채린이는 돈을 모으고 있다는 것을 자랑스럽게 얘기 했어요. 그런데 경제 교육 선생님께서 그 돈을 왜 모으냐고 물으셨어요. 채린이는 말문이 막혔어요. 왜 모으는지는 생각해 본 적이 없었거든요.

책벌레 영훈이는 돈이 생기면 책을 산대요. 그리고 책에 어떻게 생긴 돈으로 샀는지 적어 둔대요. 처음에 아빠가 그렇게 해서 따라 했는데 이젠 습관이 되었다고 했어요. 경제 교육 선생님은 영훈이가 아주 좋은 저축을 한다고 칭찬해 주었어요. 채린이는 자기가 좋아하는 일을 위해 돈을 쓰는 것도 중요한 저축이란 걸 처음 알았답니다.

머리 풀어주는 퍼즐

도전 시간		걸린 시간	
00 분	15 초	분	초

창의사고력 기초 다지기 | 판단능력 쑥~

4개 그림 중에서 다른 그림은 어느 것인지 찾아보세요.

❶

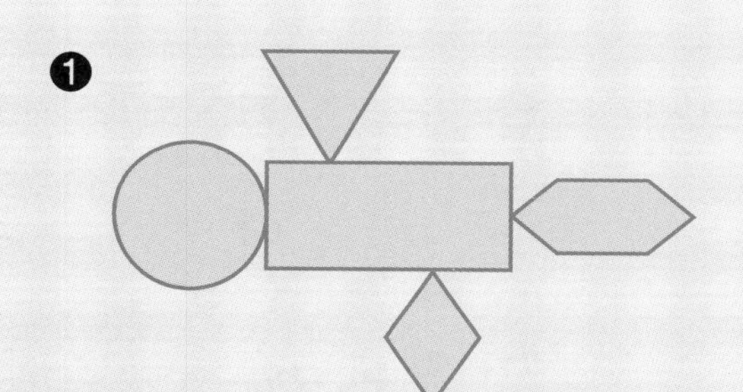

❷

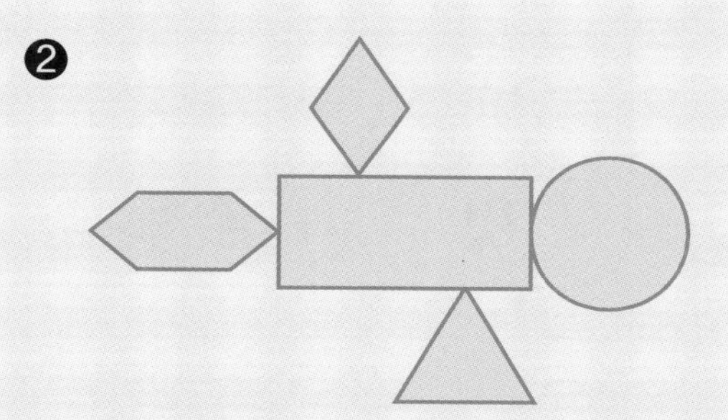

❸

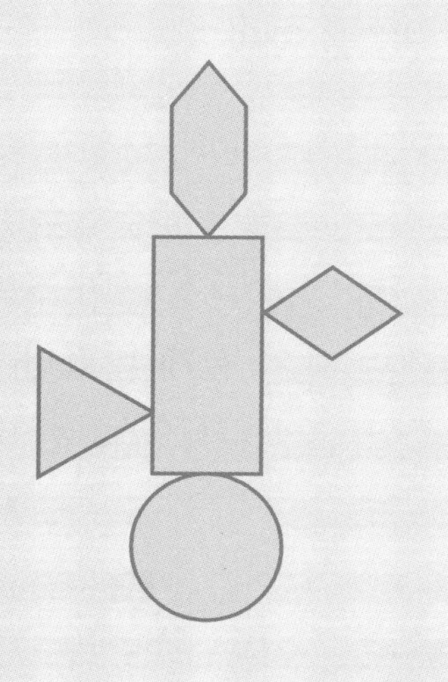

❹

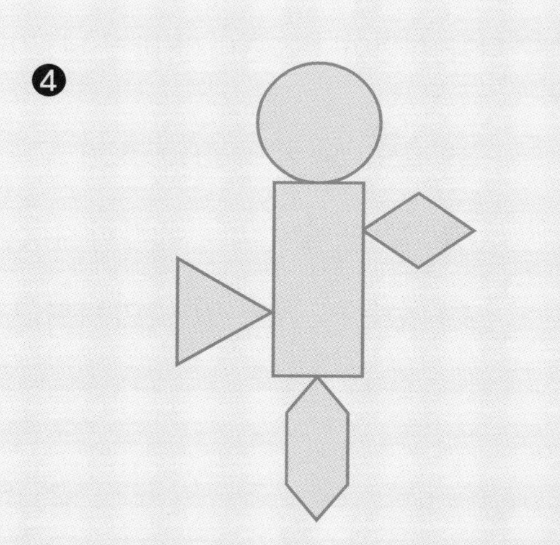

번

도전시간 12 분 00 초 | 걸린시간 분 초

1 가로세로 낱말 찾기

다음 네모에서 알고 있는 낱말을 찾아 동그라미를 해 보세요.

흠	걱	역	할	지	책
집	정	★	예	저	꽂
여	옥	감	의	분	이
태	수	자	습	하	걸
껏	수	채	우	다	레

내가 찾은 낱말 ( ) 개

2 낱말 뜻 알기

다음 설명이나 그림이 뜻하는 낱말이 무엇인지 빈칸을 채워 보세요.

문제 개수 6 개

맞은 개수 ( ) 개

틀린 개수 ( ) 개

가 흠이 생긴 자리나 흔적 ········ □□

나 '지금까지' 나 '아직까지' 를 강조하여 이르는 말 ········ □□□

다 정돈이 되어 있지 아니하고 어수선하거나 보기 싫게 더럽다

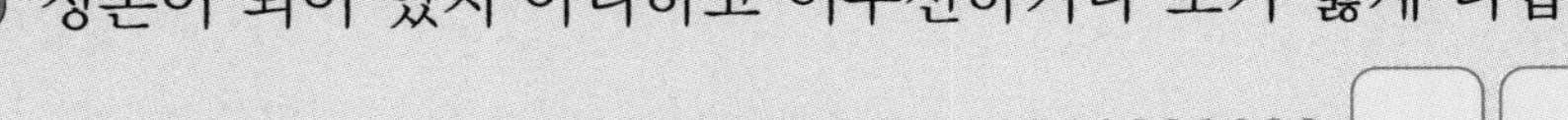
········ □□□하다

라

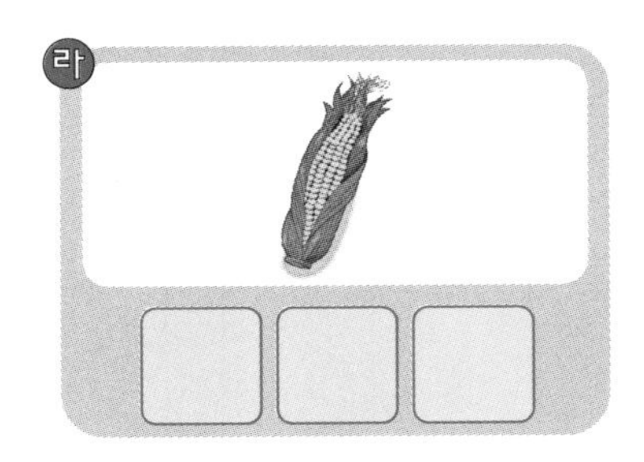

□□□

마

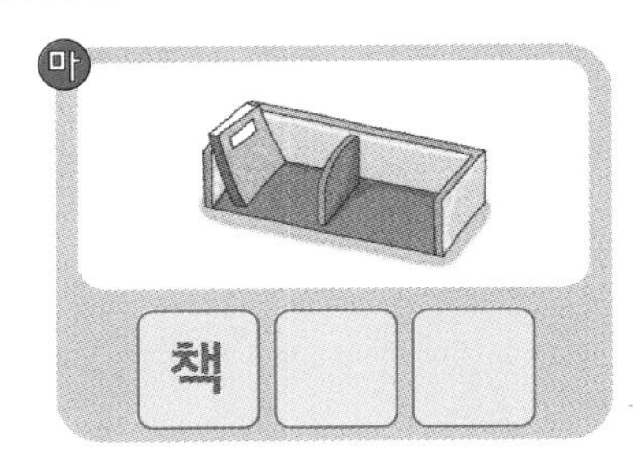

책□□

바

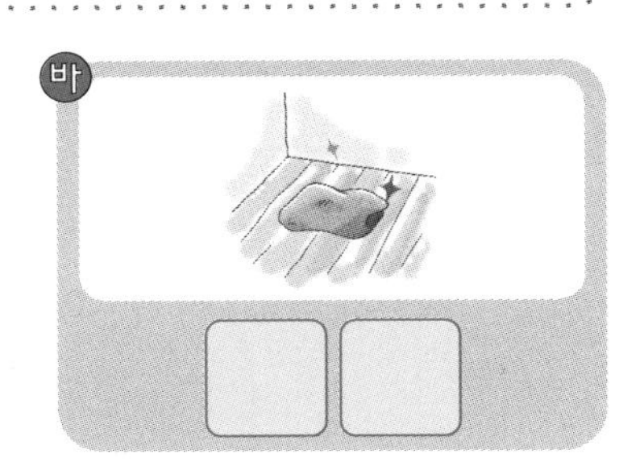

□□

문제 개수 4 개

맞은 개수 개

틀린 개수 개

다음에서 비슷한 뜻끼리 짝지어진 것에는 '='로, 반대의 뜻끼리 짝지어진 것에는 '↔'로 나타내거나, 부호에 알맞게 낱말을 채워 보세요.

근심	=	(가)
지저분하다	(나)	깔끔하다

역할	(다)	임무
여태껏	(라)	이제껏

낱말의 포함 관계에 따라 '<', 또는 '>'로 나타내고, 그림의 위치에 알맞게 낱말을 넣어 보세요.

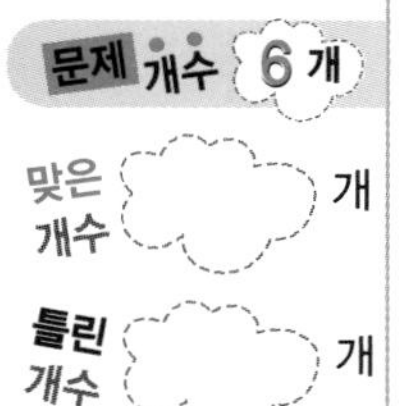

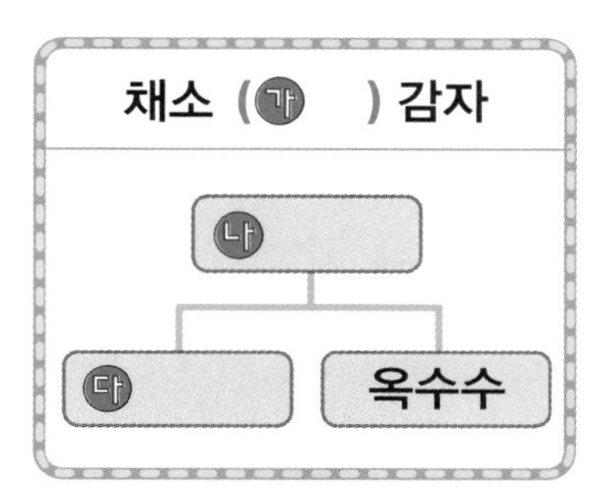

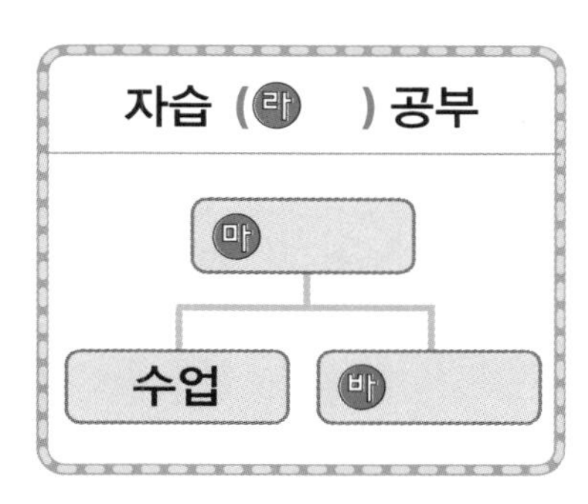

짝을 이루는 말 찾기

문제 개수 4 개

맞은 개수 개

틀린 개수 개

짝을 이루는 말을 찾아 동그라미 하고, 그 말의 뜻을 보기에서 찾아 번호를 쓰세요.

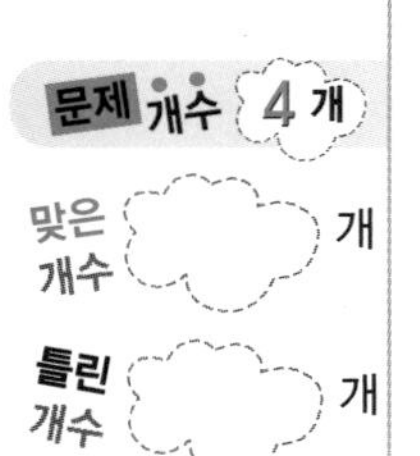

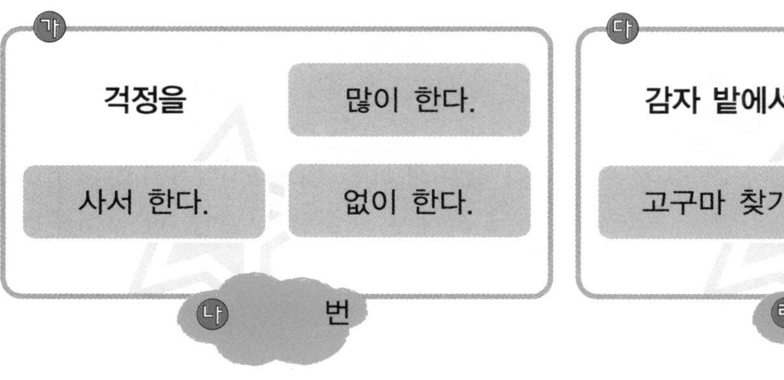

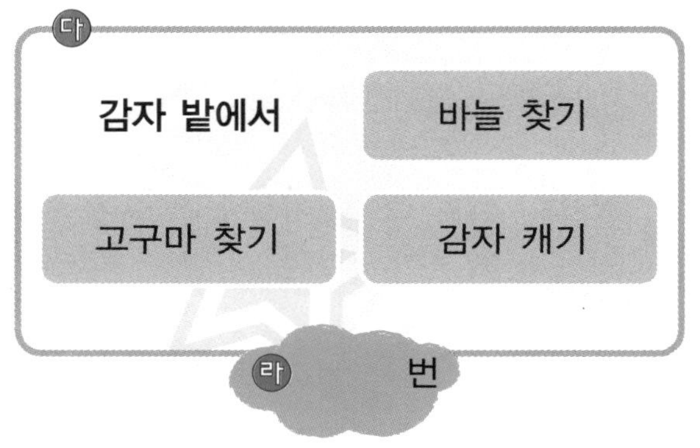

보기

① 아무리 애써도 찾아내기가 몹시 어려움을 비유적으로 이르는 말.

② 스스로 찾아서 하지 않아도 될 걱정을 함.

다음 ㉮~㉱의 ( )에 알맞은 낱말을 보기에서 찾아 번호를 쓰고, ㉲의 질문에 답해 보세요.

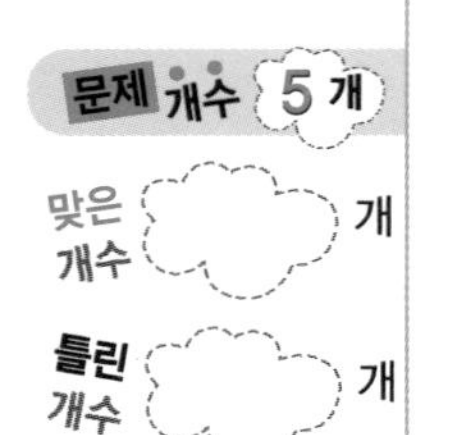

㉮ 며칠 동안 방 정리를 못했더니 방이 (   ).

㉯ 새로 산 필통에 (   )이 있어서 문방구에 가서 교환을 했다.

㉰ 대청소를 하는 날, 내가 청소기를 밀고 누나는 (   )로 방을 닦았다.

㉱ 책상 위 (   )에는 교과서와 공책이 나누어 꽂혀 있다.

㉲ '여태껏'를 넣어 스스로 짧은 글을 지어 보세요.

→

보기 ① 흠집 ② 여태껏 ③ 지저분하다 ④ 책꽂이 ⑤ 걸레 ⑥ 옥수수

총 문제 개수 25 개 | 총 맞은 개수 개 | 총 틀린 개수 개

백과사전은 지적인 호기심을 갖게 해 주고 또 평생 책 읽는 습관의 기틀이 됩니다. 가령 일본에서 나온 자동차 사진을 봤다면 세계 지도에서 일본을 찾아봅니다. 그리고 백과사전에서 일본의 수도, 국기, 지형 특색 등을 찾으면서 일본에 대한 전반적인 지식을 익힙니다. 백과사전에서 본 것을 실제로 자연이나 동물원, 박물관에서 체험해 보면 오래 기억하고 감동도 몇 배가 됩니다.

백과사전을 늘 곁에 두고 읽다가 모르는 말이 있으면 국어사전을 찾아봅니다. 이런 과정을 반복하다 보면 어휘가 아주 풍부해집니다. 빌 게이츠는 어려서부터 백과사전을 A부터 Z까지 샅샅이 보며 자랐고, 또 궁금한 항목은 외우기를 즐겼다고 합니다. 이런 식으로 백과사전을 이용하다 보면 이만한 스승이 없다는 것을 깨닫게 된답니다.

머리 풀어주는 퍼즐

도전 시간	
00 분	20 초

걸린 시간	
분	초

창의사고력 기초 다지기 정보처리능력 쑥~

다음에 이어서 올 그림은 무엇일지 번호를 써 보세요.

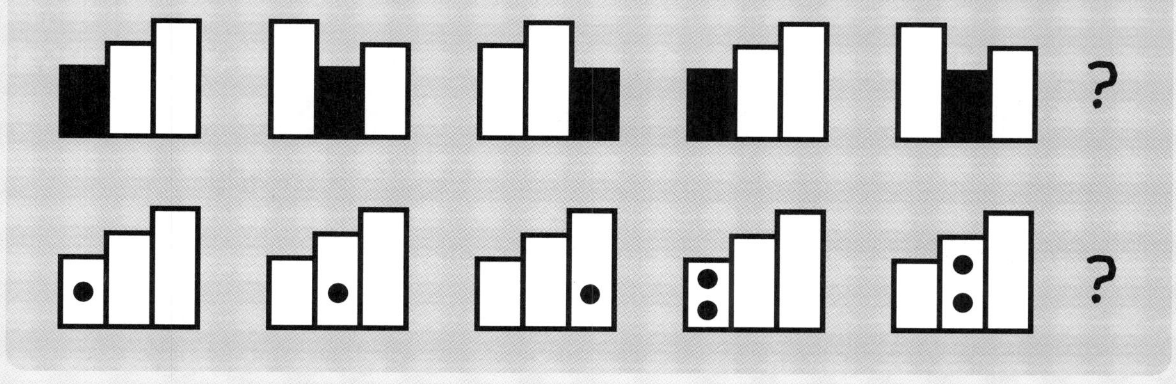

번

도전시간 10 분 00 초 | 걸린시간 분 초

1 가로세로 낱말 찾기

다음 네모에서 알고 있는 낱말을 찾아 동그라미를 해 보세요.

우	주	자	세	잿	빛
표	장	바	구	니	노
이	슬	영	양	가	력
튼	제	주	름	살	하
날	목	내	려	앉	다

내가 찾은 낱말 개

2 낱말 뜻 알기

다음 설명이나 그림이 뜻하는 낱말이 무엇인지 빈칸을 채워 보세요.

문제 개수 6 개
맞은 개수 개
틀린 개수 개

㉮ 몸을 움직이거나 가누는 모양이나 사물을 대할 때 가지는 마음가짐 ……… ☐☐

㉯ 음식을 먹었을 때 몸에 좋은 성분 ……… ☐☐☐

㉰ 재의 빛깔과 같이 흰빛을 띠는 검은빛 ……… ☐☐

㉱ 

☐☐

㉲ 
장☐☐☐

㉳ 
☐☐☐

비슷한 말 반대말 알기

문제 개수 4 개

맞은 개수 ( ) 개

틀린 개수 ( ) 개

다음에서 비슷한 뜻끼리 짝지어진 것에는 '='로, 반대의 뜻끼리 짝지어진 것에는 '↔'로 나타내거나, 부호에 알맞게 낱말을 채워 보세요.

태도	=	(가)
이튿날	(나)	전날

잿빛	(다)	회색빛
제목	(라)	표제

낱말의 포함 관계에 따라 '<', 또는 '>'로 나타내고, 그림의 위치에 알맞게 낱말을 넣어 보세요.

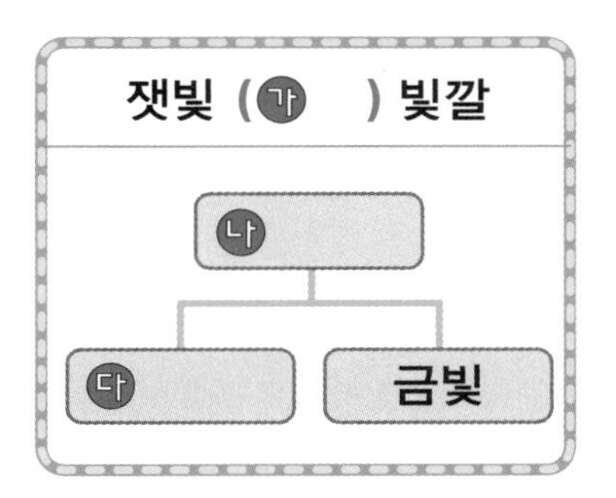

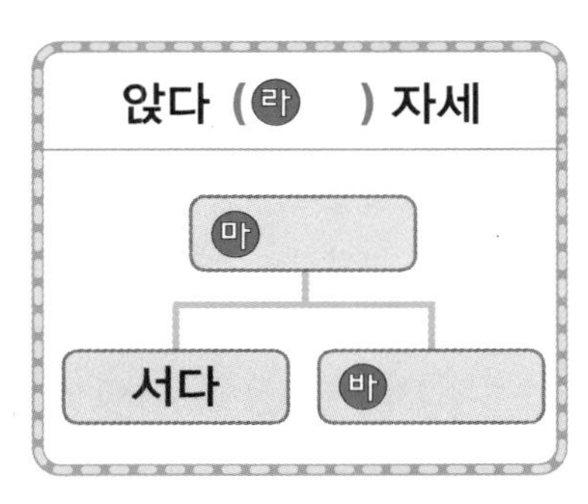

짝을 이루는 말 찾기

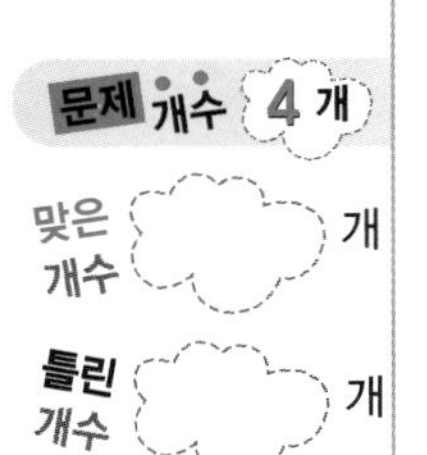

짝을 이루는 말을 찾아 동그라미 하고, 그 말의 뜻을 보기에서 찾아 번호를 쓰세요.

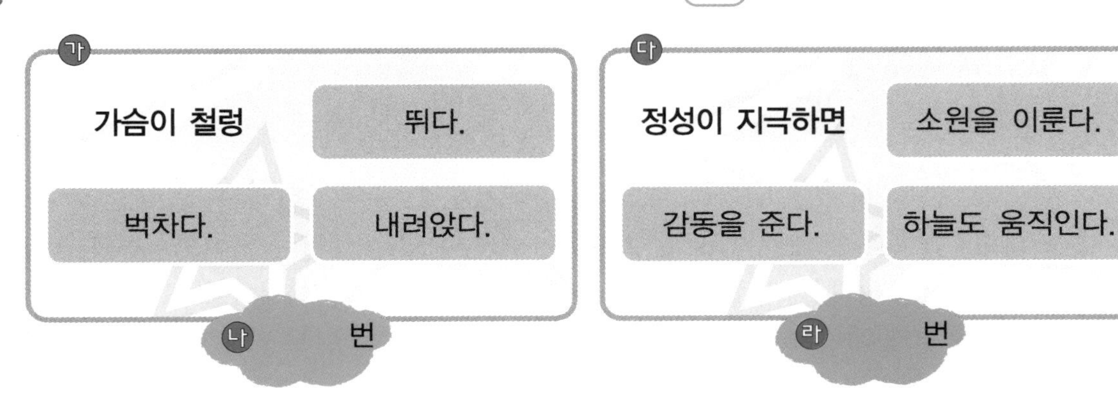

보기

① 몹시 놀라거나 맥이 풀림 또는 슬픔으로 마음을 다잡기 힘들다.

② 정성을 다하면 어려운 일도 해낼 수 있다.

다음 ㉮~㉱의 ( )에 알맞은 낱말을 보기에서 찾아 번호를 쓰고, ㉲의 질문에 답해 보세요.

문제 개수 5개

맞은 개수 ( )개

틀린 개수 ( )개

㉮ 나는 글을 쓸 때 ( ) 정하기가 참 힘들다.

㉯ 자라나는 어린이는 ( )가 많은 음식을 먹어야 한다.

㉰ 수업 시간에는 바른 ( )로 선생님 말씀에 귀 기울여야 한다.

㉱ 추석에 시골에 내려갔다가 차례를 지내고 ( ) 집으로 돌아왔다.

㉲ '주름살' 을 넣어 스스로 짧은 글을 지어 보세요.

➜ --

보기 ① 영양가 ② 자세 ③ 주름살 ④ 우표 ⑤ 이튿날 ⑥ 제목

총 문제 개수 25개 | 총 맞은 개수 ( )개 | 총 틀린 개수 ( )개

사람이 태어나서 죽을 때까지 겪는 일 중에서도 특히 중요한 일이 있어요. 이를 관혼상제라고 해요. 한자로 뜻을 풀어 보면 冠(관)은 어른이 되는 성인 의식이고, 婚(혼)은 혼례 의식, 喪(상)은 죽어서 장례를 지내는 상례 의식, 祭(제)는 죽고 나서 제사를 모시는 의식이에요. 예로부터 관혼상제 절차에 대한 생각이 서로 달라 말도 많고 탈도 많았지요.

모든 일에 의식과 절차도 물론 중요해요. 어른이 되고 결혼하고 죽는 것은 한 사람의 인생을 좌우하는 중요한 일이에요. 그러니까 관혼상제 의식이나 절차만 가지고 그저 고리타분한 일이구나 여기지 말고 과연 나한테 어떤 의미일지 되새겨 보도록 해요.

머리 풀어주는 퍼즐

공부를 시작할 때도 준비운동이 필요하다고! 하나둘 하나둘

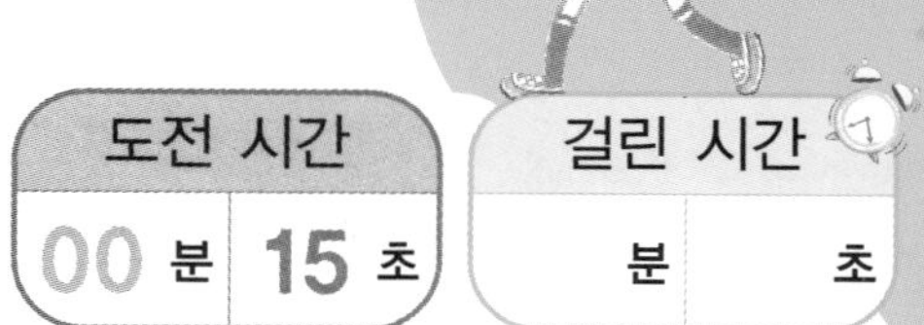

창의사고력 기초 다지기 계산능력 쑥~

뺄셈이 바르게 된 곳에서 출발해 내려가세요. 내려간 곳에서 덧셈을 하면 답은 무엇일까요?

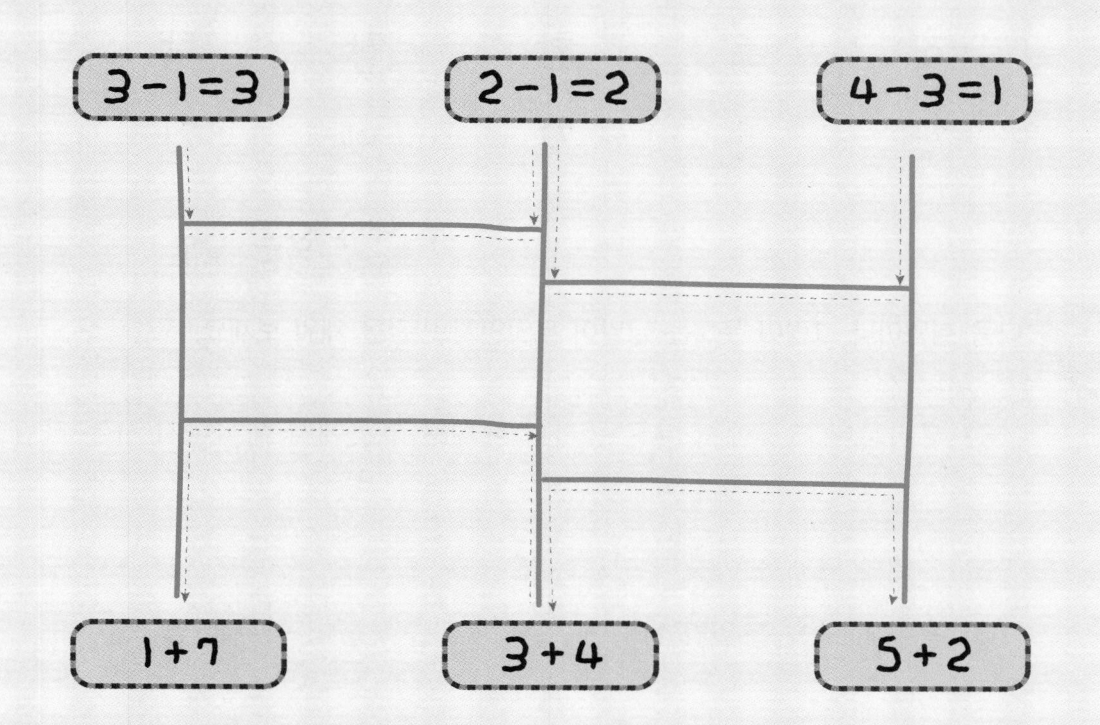

도전시간 10 분 00 초 | 걸린시간 분 초

1 가로세로 낱말 찾기 다음 네모에서 알고 있는 낱말을 찾아 동그라미를 해 보세요.

지	게	합	창	단	허
구	야	념	소	★	겁
청	진	기	식	혜	지
직	토	한	참	택	겁
장	종	창	피	하	다

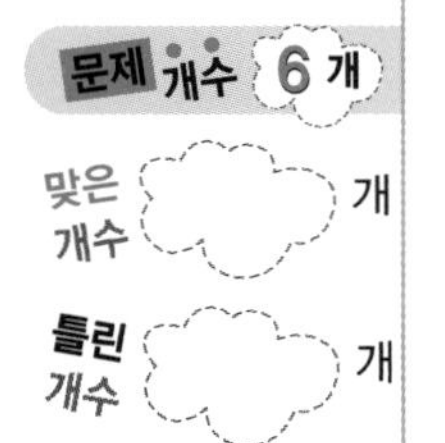

내가 찾은 낱말  개

2 낱말 뜻 알기 다음 설명이나 그림이 뜻하는 낱말이 무엇인지 빈칸을 채워 보세요.

문제 개수 6 개

맞은 개수 개

틀린 개수 개

㉮ 본디부터 그곳에서 나는 종자나 대대로 그곳에서 태어나서 사는 사람 .... □□

㉯ 은혜와 덕택을 아울러 이르는 말 .... □□

㉰ 음식의 맛을 돋우기 위하여 쓰는 재료를 통틀어 이르는 말 .... □□

㉱ 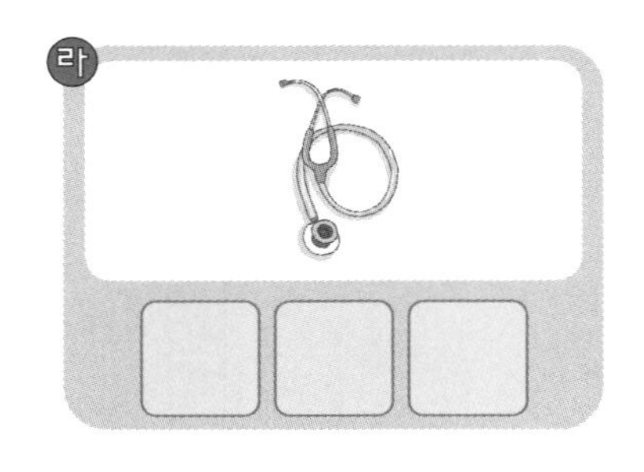 □□□

㉲  □□□

㉳ 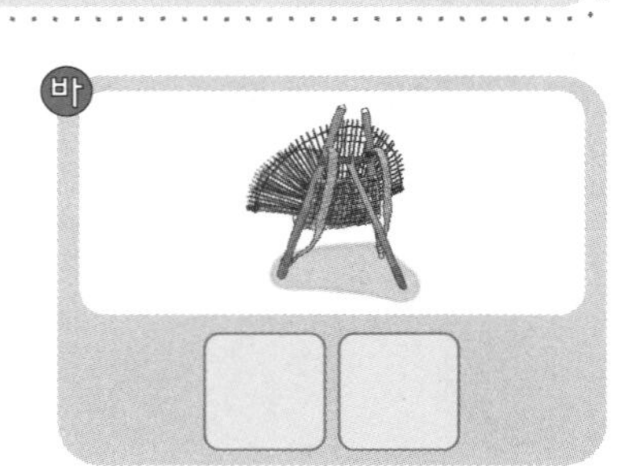 □□

다음에서 비슷한 뜻끼리 짝지어진 것에는 '='로, 반대의 뜻끼리 짝지어진 것에는 '↔'로 나타내거나, 부호에 알맞게 낱말을 채워 보세요.

문제 개수 4 개
맞은 개수 ( ) 개
틀린 개수 ( ) 개

조미료	=	(㉮)
혜택	(㉯)	덕택

토종	(㉰)	개량종
창피하다	(㉱)	자랑스럽다

낱말의 포함 관계에 따라 '<', 또는 '>'로 나타내고, 그림의 위치에 알맞게 낱말을 넣어 보세요.

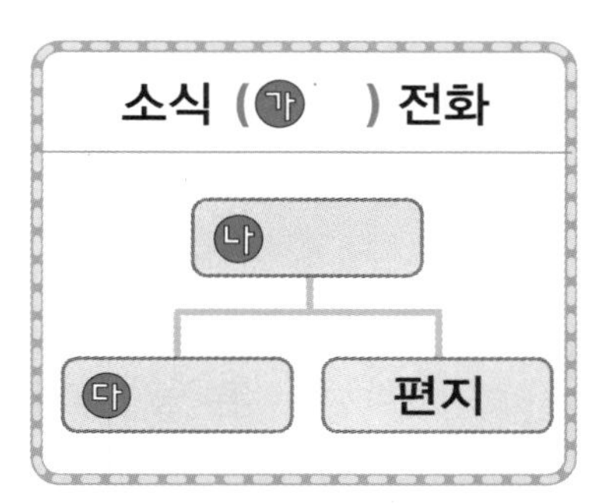

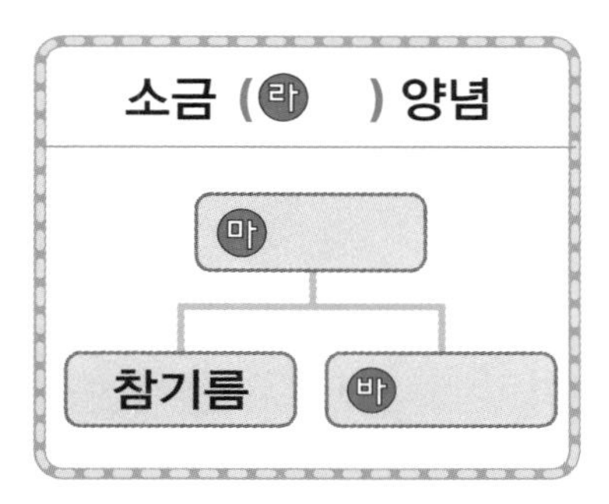

짝을 이루는 말 찾기

짝을 이루는 말을 찾아 동그라미 하고, 그 말의 뜻을 보기 에서 찾아 번호를 쓰세요.

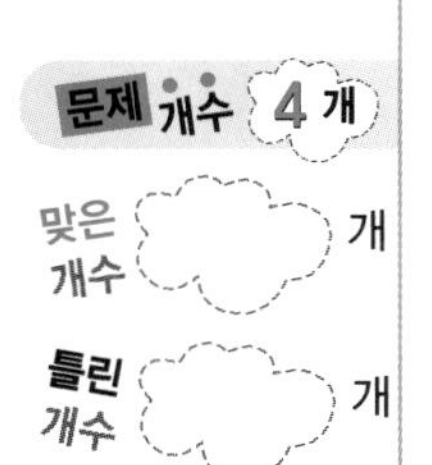

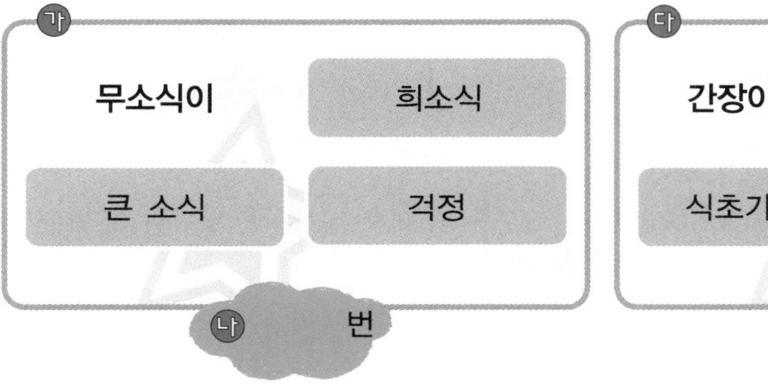

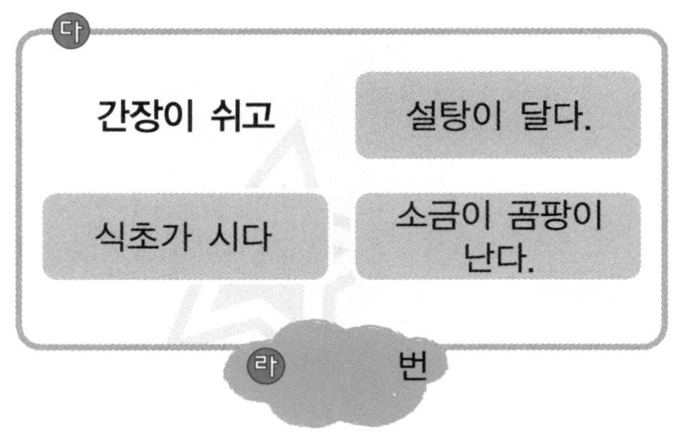

보기

① 소식이 없는 것은 무사히 잘 있다는 말이니, 곧 기쁜 소식이나 다름없음.

② 절대로 있을 수 없는 일.

다음 ㉮~㉱의 ( )에 알맞은 낱말을 보기에서 찾아 번호를 쓰고, ㉲의 질문에 답해 보세요.

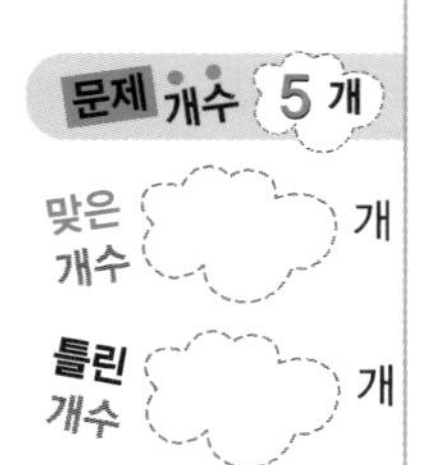

㉮ 엄마는 미역국에 미역과 고기 외에도 간장이나 참기름 같은 (   )을 사용한다.

㉯ 군대 간 삼촌에게 (   )이 오자 할머니께서 매우 기뻐하셨다.

㉰ 참개구리는 우리 (   ) 개구리지만 황소개구리는 외국에서 들여온 것이다.

㉱ 마을에 도서관이 들어서면 마을 주민 모두가 (   )을 입게 될 것이다.

㉲ '창피하다'를 넣어 스스로 짧은 글을 지어 보세요.

➜ ______________________________

보기 ① 토종 ② 혜택 ③ 양념 ④ 청진기 ⑤ 소식 ⑥ 창피하다

총 문제 개수 25 개 | 총 맞은 개수 개 | 총 틀린 개수 개

'자라 보고 놀란 가슴 솥뚜껑 보고 놀란다.'

이 속담은 어떤 일에 놀라고 나면 비슷한 일만 봐도 지레 짐작하고 놀라게 된다는 뜻이에요. 이 속담은 조건 반사를 보여 주는 예입니다.

조건 반사란 어떤 경험을 하고 나면 그 경험이 조건이 되어 다음에 무의식적으로 뇌가 반응하고 행동을 일으키는 것을 말해요. 개에게 종을 치고 밥을 주면 나중에는 종만 쳐도 침을 질질 흘린다는 얘기는 유명하지요. 이와 마찬가지로 한 번 자라에게 물린 경험은 자라와 비슷한 솥뚜껑만 보고도 놀라는 반응을 보이지요.

이와 달리, 이마에 꿀밤을 먹이면 저절로 눈이 감기고, 무릎을 나무망치로 치면 무릎이 올라가요. 이는 경험과 관계없이 무의식적으로 일어나는 반응인데, 무조건 반사라고 합니다.

공부습관
초등어휘

1·2
학년
기본II
정답

채점전 알려두기

●●● 답안과 다른 해결 방법을 가진 퍼즐 문제도 있습니다. 자유롭고 창의적으로 문제를 해결해 보세요.

●●● 〈❶가로세로 낱말 찾기〉의 답안은 ❷~❻번 문제의 바탕이 되는 낱말들에 표시해 둔 것입니다. 이 낱말들 이외에도 얼마든지 더 찾을 수 있습니다. 아이들이 자유롭게 낱말을 찾아 표시하고 자신이 찾은 낱말의 개수를 표시하도록 두세요. 답안에 표시된 단어보다 더 많이 찾았을 경우 칭찬해 주시고, 잘 쓰이지 않는 낱말을 찾았을 경우엔 어떤 뜻인지 한 번 물어보고 설명해 주세요. 찾은 개수가 많이 적을 경우 시간을 더 주고 다시 한 번 살펴보도록 해 주세요. 채점은 ❷~❻번 문제만 하면 됩니다.

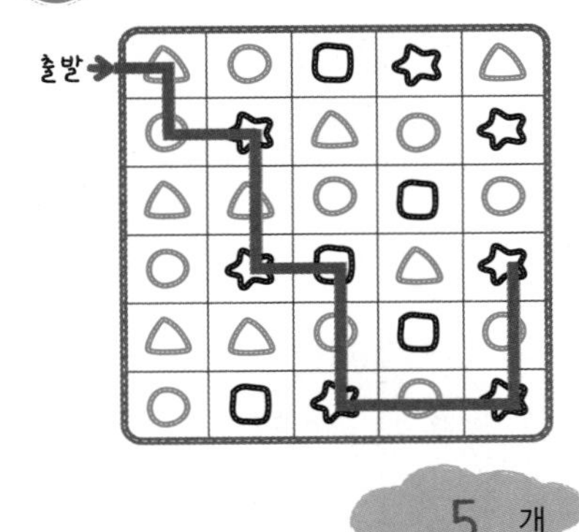

5 개

정답

❶ 가로세로 낱말찾기

거	미	줄	정	성	껏
미	느	릿	느	릿	★
가	운	데	가	도	끼
한	복	판	볍	깨	중
★	감	기	다	비	앙

❷ 낱말뜻 알기
(가) 느, 느 (나) 정성껏
(다) 감기 (라) 거미줄
(마) 도깨비 (바) 복판

❸ 비슷한 말 반대말 알기
(가) ↔ (나) ↔ (다) ↔

❹ 큰 말 작은 말 알기
(가) > (나) 위치 (다) 가운데

❺ 짝을 이루는 말 찾기
(가) ① (나) 장난 같다.

❻ 낱말 활용하기
(나) ④ (다) ② (라) ⑤
(마) 예 무척 착해서 화를 내야 할 때에도 화내지 않는 사람을 이를 때

퍼즐

정답

❶ 가로세로 낱말찾기

경	로	당	★	생	신
험	연	★	옷	걸	이
★	세	존	차	말	상
진	지	댓	림	씀	냥
높	임	말	단	정	한

❷ 낱말뜻 알기
(가) 높, 말 (나) 단정
(다) 차림 (라) 진
(마) 걸이 (바) 경, 당

❸ 비슷한 말 반대말 알기
(가) 존댓말 (나) ↔ (다) =
(라) ↔

❹ 큰 말 작은 말 알기
(가) > (나) 높임말 (다) 진지
(라) < (마) 말 (바) 존댓말

❺ 짝을 이루는 말 찾기
(가) 자다가도 떡이 생긴다.
(나) ② (다) 가을 받고랑은 못 속인다. (라) ①

❻ 낱말 활용하기
(가) ④ (나) ⑥ (다) ② (라) ①
(마) 예 우리 선생님은 상냥한 분이시다.

퍼즐

④번

❶ 가로세로 낱말찾기

계	★	동	그	라	미
산	세	부	등	호	겹
네	모	짧	호	삼	침
★	길	다	사	각	형
규	칙	적	★	형	★

❷ 낱말뜻 알기
(가) 계산 (나) 규칙
(다) 겹침 (라) 네모
(마) 삼각 (바) 등호

❸ 비슷한 말 반대말 알기
(가) 사각형 (나) = (다) ↔
(라) ↔

❹ 큰 말 작은 말 알기
(가) > (나) 크기 (다) 부등호
(라) > (마) 도형 (바) 삼각형

❺ 짝을 이루는 말 찾기
(가) 길고 짧은 것이 있다.
(나) ② (다) 차리다. (라) ①

❻ 낱말 활용하기
(가) ② (나) ⑥ (다) ① (라) ⑤
(마) 예 친구 생일잔치에 가려고 모양을 차렸다.

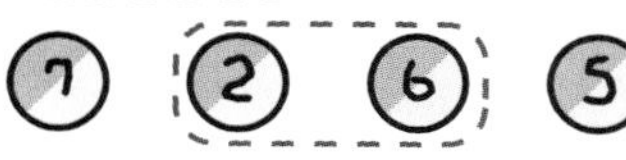

① 가로세로 낱말찾기

줄	기	★	가	지	귀
말	귀	모	험	★	중
문	★	서	뿌	리	하
비	빛	리	귀	엽	다
단	깔	동	글	동	글

② 낱말뜻 알기

(가) 말문 (나) 동, 동
(다) 귀중 (라) 줄기
(마) 비단 (바) 모서

③ 비슷한 말 반대말 알기

(가) 빛깔 (나) ↔ (다) =
(라) ↔

④ 큰 말 작은 말 알기

(가) > (나) 식물 (다) 뿌리
(라) < (마) 모양
(바) 동글동글

⑤ 짝을 이루는 말 찾기

(가) 방석에 앉다. (나) ①
(다) 막다. (라) ②

⑥ 낱말 활용하기

(가) ② (나) ① (다) ④ (라) ⑤
(마) 예 나는 사실대로 말하려고 했지만 준호가 자꾸 말문을 막았다.

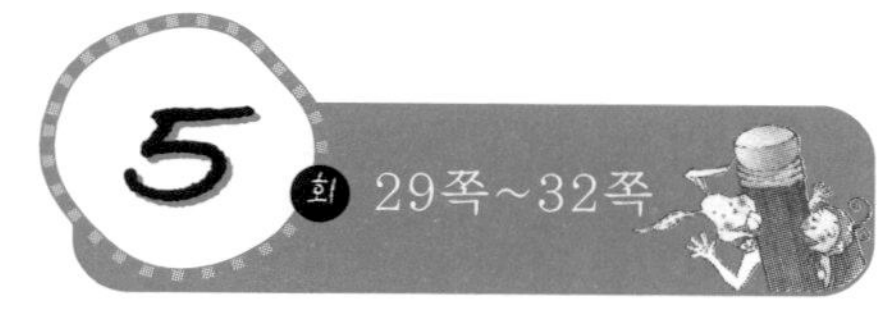

6+3=? → 9
2+5=? → 7
1+3=? → 4

1	2	3	④	5	6	⑦	8	⑨
퍼	다	멘	더	줄	우	코	사	리

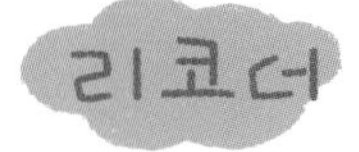

① 가로세로 낱말찾기

★	환	은	은	하	다
그	경	크	레	파	스
림	미	색	연	필	케
도	화	지	물	감	치
구	★	축	제	★	북

② 낱말뜻 알기

(가) 은은 (나) 환, 미화
(다) 축제 (라) 도화지
(마) 크레파스 (바) 스케치북

③ 비슷한 말 반대말 알기

(가) 축제 (나) = (다) =
(라) =

④ 큰 말 작은 말 알기

(가) < (나) 그림 도구
(다) 도화지 (라) > (마) 축제
(바) 학예회

⑤ 짝을 이루는 말 찾기

(가) 먹을 것 없다. (나) ②
(다) 고양이 그린다. (라) ①

⑥ 낱말 활용하기

(가) ② (나) ⑥ (다) ③ (라) ①
(마) 예 도화지에 알록달록한 가을 산을 그려 넣었다.

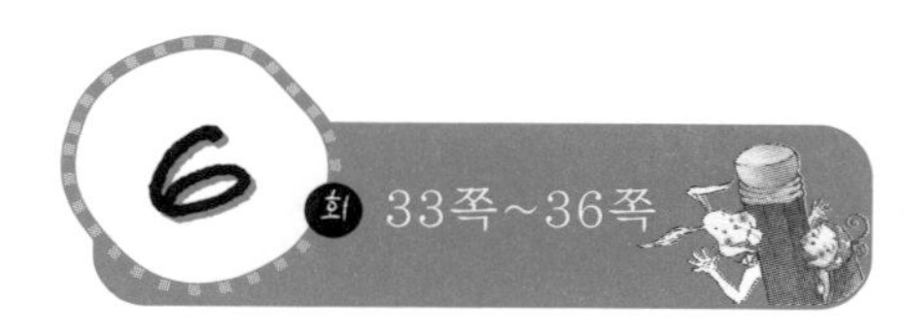

③번

① 가로세로 낱말찾기

단	위	곱	하	다	★
★	덧	셈	★	너	비
길	★	식	구	하	다
이	꼭	짓	점	★	펴
동	그	랗	다	접	다

② 낱말뜻 알기

(가) 단위 (나) 구하
(다) 너비 (라) 접다 (마) 펴다
(바) 꼭짓

③ 비슷한 말 반대말 알기

(가) 너비 (나) ↔ (다) =
(라) =

④ 큰 말 작은 말 알기

(가) > (나) 단위 (다) 미터(m)
(라) < (마) 계산 (바) 덧셈

⑤ 짝을 이루는 말 찾기

(가) 접다. (나) ① (다) 펴다.
(라) ②

⑥ 낱말 활용하기

(가) ④ (나) ① (다) ③ (라) ⑤
(마) 예 동생과 바둑을 둘 때는 내가 한 손 접어준다.

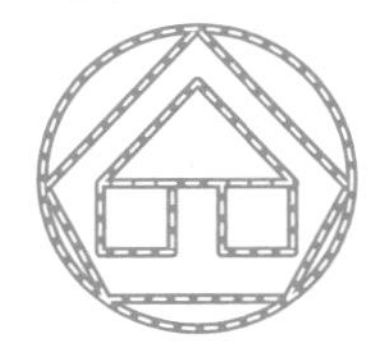

정답

① 가로세로 낱말찾기

또	랑	또	랑	대	답
설	명	서	만	화	질
거	가	시	어	★	문
지	옥	★	듭	마	당
어	울	리	다	락	방

② 낱말뜻 알기
㉮ 또, 또 ㉯ 어울
㉰ 다락방 ㉱ 가시
㉲ 마당 ㉳ 설거지

③ 비슷한 말 반대말 알기
㉮ 설명서 ㉯ ↔ ㉰ ↔
㉱ =

④ 큰 말 작은 말 알기
㉮ > ㉯ 가옥 ㉰ 다락방
㉱ > ㉲ 대화 ㉳ 질문

⑤ 짝을 이루는 말 찾기
㉮ 빌리다. ㉯ ①
㉰ 박히다. ㉱ ②

⑥ 낱말 활용하기
㉮ ① ㉯ ⑤ ㉰ ⑥ ㉱ ②
㉲ 예 "너 참 잘났다." 예진이의 말 속에 가시가 박혀 있었다.

4	③	12	⑦
⑤	2	20	6
8	14	⑨	22
10	18	16	⑪

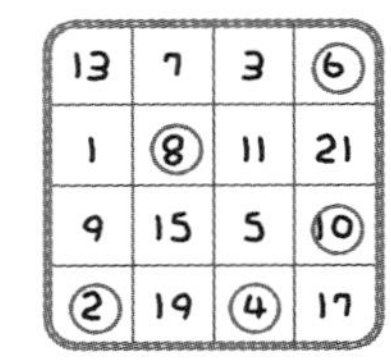

① 가로세로 낱말찾기

★	겉	허	공	연	장
속	옷	둥	손	★	건
모	범	지	하	전	축
퉁	★	둥	다	시	가
이	허	리	띠	회	★

② 낱말뜻 알기
㉮ 공연 ㉯ 허, 지
㉰ 모범 ㉱ 속옷 ㉲ 허리
㉳ 전축

③ 비슷한 말 반대말 알기
㉮ 허리띠 ㉯ ↔ ㉰ =
㉱ =

④ 큰 말 작은 말 알기
㉮ < ㉯ 옷 ㉰ 속옷
㉱ < ㉲ 공연장
㉳ 콘서트홀

⑤ 짝을 이루는 말 찾기
㉮ 벗어 주다. ㉯ ②
㉰ 졸라매다. ㉱ ①

⑥ 낱말 활용하기
㉮ ⑤ ㉯ ① ㉰ ② ㉱ ⑥
㉲ 예 민우는 허리띠를 졸라매고 뛰어서 꼭 성공하겠다고 결심했다.

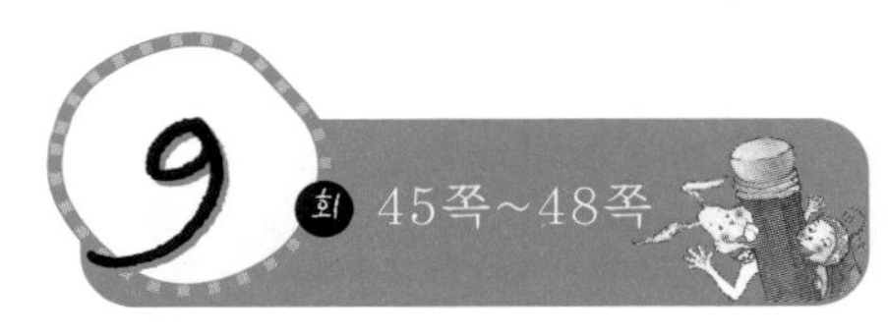

퍼즐

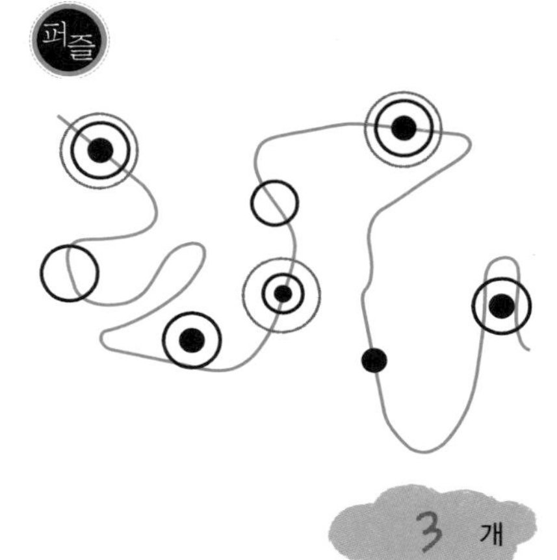

① 가로세로 낱말찾기

★	빛	배	꼽	시	계
낮	과	밤	★	절	★
세	어	차	번	비	공
상	둠	이	데	교	기
다	른	점	기	물	총

② 낱말뜻 알기
㉮ 다른(또는 차이)
㉯ 비교 ㉰ 시절 ㉱ 물총
㉲ 낮, 밤 ㉳ 배꼽

③ 비슷한 말 반대말 알기
㉮ 차이점 ㉯ = ㉰ ↔
㉱ =

④ 큰 말 작은 말 알기
㉮ > ㉯ 하루 ㉰ 낮
㉱ < ㉲ 비교 ㉳ 차이점

⑤ 짝을 이루는 말 찾기
㉮ 잡다. ㉯ ② ㉰ 밤이고
㉱ ①

⑥ 낱말 활용하기
㉮ ④ ㉯ ② ㉰ ③ ㉱ ⑤
㉲ 예 진형이는 낮이고 밤이고 컴퓨터 게임만 한다.

① 가로세로 낱말찾기

어	향	빠	끔	개	★
름	여	럿	이	울	부
치	행	연	못	가	끄
신	바	람	흔	자	럽
문	★	부	드	럽	다

② 낱말뜻 알기 (가) 빠끔 (나) 신바 (다) 부끄 (라) 어항 (마) 신문 (바) 여행

③ 비슷한 말 반대말 알기 (가) 신바람 (나) = (다) ↔ (라) ↔

④ 큰 말 작은 말 알기 (가) > (나) 주변 (다) 개울가 (라) > (마) 촉감 (바) 거칠다

⑤ 짝을 이루는 말 찾기 (가) 해몽한다. (나) ① (다) 띄다. (라) ②

⑥ 낱말 활용하기 (가) ④ (나) ② (다) ③ (라) ⑤ (마) 예 문을 빠끔 열고 들여다보았다.

③번

① 가로세로 낱말찾기

딴	생	각	대	셔	단
마	뒷	★	견	츠	추
지	정	상	스	러	운
못	리	★	럽	더	럭
해	당	번	다	뒤	축

② 낱말뜻 알기 (가) 대견스 (나) 더럭 (다) 마, 못해 (라) 셔츠 (마) 뒤축 (바) 단추

③ 비슷한 말 반대말 알기 (가) 지정 (나) = (다) ↔ (라) ↔

④ 큰 말 작은 말 알기 (가) > (나) 신발 (다) 뒤축 (라) > (마) 옷 (바) 셔츠

⑤ 짝을 이루는 말 찾기 (가) 잘못 끼우다. (나) ② (다) 물리다. (라) ①

⑥ 낱말 활용하기 (가) ② (나) ① (다) ⑥ (라) ③ (마) 예 엄마가 빨간 단추가 달린 예쁜 외투를 사 주셨다.

정답

① 가로세로 낱말찾기

★	재	기	★	어	림
수	시	간	소	★	묶
직	각	★	숨	기	다
선	참	여	일	주	일
계	산	식	한	달	년

② 낱말뜻 알기 (가) 시각 (나) 시간 (다) 참여 (라) 계산 (마) 일주일 (바) 묶

③ 비슷한 말 반대말 알기 (가) 참여 (나) = (다) = (라) ↔

④ 큰 말 작은 말 알기 (가) < (나) 기간 (다) 일주일 (라) > (마) 행동 (바) 묶다

⑤ 짝을 이루는 말 찾기 (가) 열두 달 (나) ① (다) 가는 줄 모른다. (라) ②

⑥ 낱말 활용하기 (가) ④ (나) ① (다) ② (라) ⑤ (마) 예 일 년 열두 달이 지나도록 나는 태권도 1단을 따지 못했다.

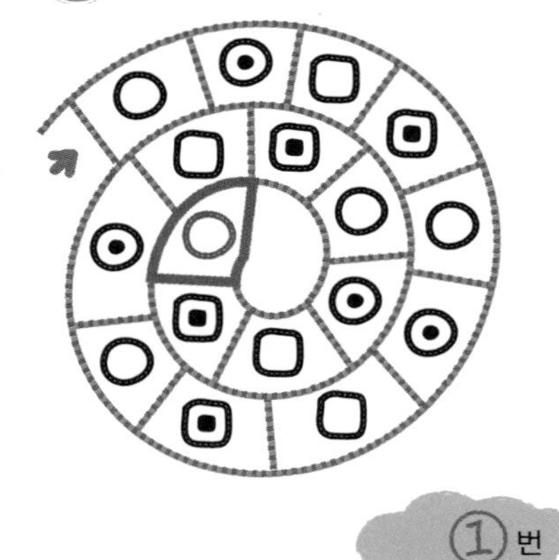

①번

① 가로세로 낱말찾기

구	덩	이	갈	대	밭
슬	서	민	나	무	꾼
비	당	속	선	오	훈
개	미	촌	녀	색	장
암	갓	가	지	실	님

② 낱말뜻 알기

㉮ 민속 ㉯ 오색실 ㉰ 갖가지 ㉱ 나무꾼 ㉲ 훈장 ㉳ 선녀

③ 비슷한 말 반대말 알기

㉮ 갖가지 ㉯ ↔ ㉰ = ㉱ ↔

④ 큰 말 작은 말 알기

㉮ > ㉯ 서당 ㉰ 훈장 ㉱ > ㉲ 전래 동화 ㉳ 선녀와 나무꾼

⑤ 짝을 이루는 말 찾기

㉮ 개도 안 먹는다. ㉯ ② ㉰ 까먹듯 ㉱ ①

⑥ 낱말 활용하기

㉮ ⑥ ㉯ ⑤ ㉰ ② ㉱ ④ ㉲ (예) 어느새 세뱃돈이 개암 까먹듯 사라졌다.

③번

정답

① 가로세로 낱말찾기

몽	당	연	필	방	학
★	번	갈	아	서	랍
보	람	삼	태	기	본
발	살	그	머	니	받
표	불	량	식	품	다

② 낱말뜻 알기

㉮ 번갈아 ㉯ 살, 머니 ㉰ 본받 ㉱ 몽당 ㉲ 서랍 ㉳ 태기

③ 비슷한 말 반대말 알기

㉮ 살그머니 ㉯ = ㉰ = ㉱ ↔

④ 큰 말 작은 말 알기

㉮ > ㉯ 행동 ㉰ 살그머니 ㉱ > ㉲ 가구 ㉳ 서랍

⑤ 짝을 이루는 말 찾기

㉮ 앞 가리기 ㉯ ① ㉰ 돛을 단다. ㉱ ②

⑥ 낱말 활용하기

㉮ ② ㉯ ③ ㉰ ⑤ ㉱ ⑥ ㉲ (예) 수연이와 인아는 번갈아 가며 강아지를 돌보았다.

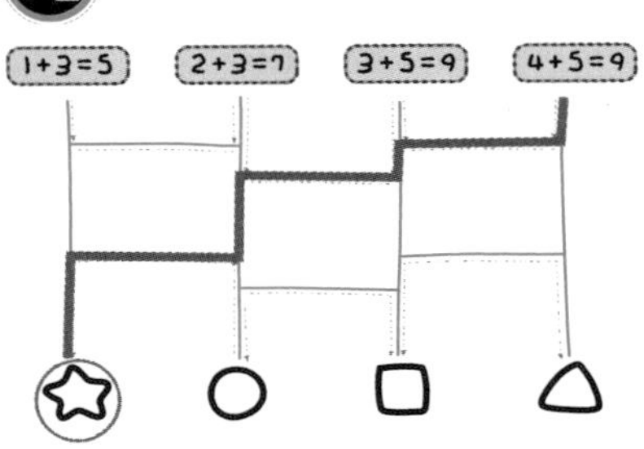

정답

① 가로세로 낱말찾기

★	반	★	밑	변	★
한	바	퀴	도	모	양
뼘	퀴	삼	형	★	뒤
★	배	백	선	분	집
배	열	표	돌	리	다

② 낱말뜻 알기

㉮ 배열 ㉯ 선분 ㉰ 도형 ㉱ 뼘 ㉲ 변 ㉳ 바퀴

③ 비슷한 말 반대말 알기

㉮ 분리 ㉯ = ㉰ = ㉱ =

④ 큰 말 작은 말 알기

㉮ < ㉯ 도형 ㉰ 면 ㉱ > ㉲ 단위 ㉳ 한 뼘

⑤ 짝을 이루는 말 찾기

㉮ 핥다. ㉯ ② ㉰ 돌리다. ㉱ ①

⑥ 낱말 활용하기

㉮ ⑤ ㉯ ① ㉰ ④ ㉱ ③ ㉲ (예) 그날 싸움 때문에 그들은 영원히 등을 돌렸다.

퍼즐

15	9	2	10
1	3	16	4
14	5	7	11
6	13	8	12

3	4	11	16
1	10	2	9
12	5	13	7
6	15	8	14

정답

① 가로세로 낱말찾기

공	중	건	경	치	쌍
살	산	너	머	중	아
래	넘	편	★	고	올
살	어	겸	손	함	리
래	★	실	감	나	다

② 낱말뜻 알기
㉮ 너머 ㉯ 넘어
㉰ 겸손 ㉱ 건너
㉲ 고함 ㉳ 경치

③ 비슷한 말 반대말 알기
㉮ 경치 ㉯ ↔ ㉰ ↔
㉱ =

④ 큰 말 작은 말 알기
㉮ > ㉯ 자세 ㉰ 겸손
㉱ > ㉲ 소리 ㉳ 고함

⑤ 짝을 이루는 말 찾기
㉮ 절터라. ㉯ ①
㉰ 경치 보랴. ㉱ ②

⑥ 낱말 활용하기
㉮ ④ ㉯ ② ㉰ ① ㉱ ③
㉲ 예 가을 설악산의 경치는 정말 아름다웠다.

퍼즐

②번

정답

① 가로세로 낱말찾기

가	★	운	동	화	보
락	공	부	요	분	물
응	놀	★	거	울	찾
원	이	어	달	리	기
도	구	름	사	다	리

② 낱말뜻 알기
㉮ 응원 ㉯ 공부
㉰ 보, 찾 ㉱ 운동화
㉲ 구름 ㉳ 이어

③ 비슷한 말 반대말 알기
㉮ 공부 ㉯ = ㉰ =
㉱ ↔

④ 큰 말 작은 말 알기
㉮ < ㉯ 놀이
㉰ 보물찾기 ㉱ <
㉲ 공부 ㉳ 영어

⑤ 짝을 이루는 말 찾기
㉮ 거울 ㉯ ② ㉰ 울리다.
㉱ ①

⑥ 낱말 활용하기
㉮ ① ㉯ ④ ㉰ ② ㉱ ⑥
㉲ 예 나는 짝에게 내 답안지를 훔쳐보지 말라고 경종을 울렸다.

퍼즐

정답

① 가로세로 낱말찾기

그	림	자	공	몸	신
체	중	★	통	무	장
낙	같	은	점	게	★
하	가	신	체	★	재
산	축	평	평	하	다

② 낱말뜻 알기
㉮ 몸무게 ㉯ 통점
㉰ 가축 ㉱ 그림자
㉲ 낙하산 ㉳ 신장

③ 비슷한 말 반대말 알기
㉮ 같은 점 ㉯ = ㉰ =
㉱ ↔

④ 큰 말 작은 말 알기
㉮ > ㉯ 체격 ㉰ 몸무게
㉱ > ㉲ 가축 ㉳ 개

⑤ 짝을 이루는 말 찾기
㉮ 작으나 ㉯ ①
㉰ 주인을 알아본다. ㉱ ②

⑥ 낱말 활용하기
㉮ ① ㉯ ⑥ ㉰ ③ ㉱ ②
㉲ 예 크나 작으나 소중한 우리 집이다.

퍼즐

 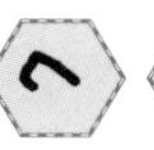  

④번

퍼즐

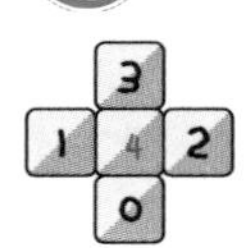 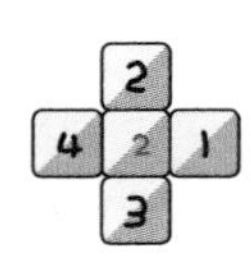 

퍼즐

 5개

 7개

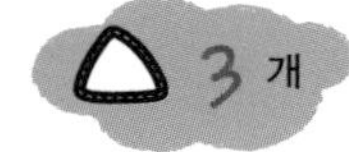 3개

19회 정답

① 가로세로 낱말찾기

희	미	하	다	관	균
망	금	방	과	찰	형
차	붕	꿀	학	기	계
다	어	찌	자	록	김
왈	강	달	강	장	치

② 낱말뜻 알기
(가) 희미 (나) 균형
(다) 왈, 달 (라) 금붕어
(마) 과학자 (바) 김치

③ 비슷한 말 반대말 알기
(가) 금방 (나) ↔ (다) ↔
(라) ↔

④ 큰 말 작은 말 알기
(가) > (나) 과학자
(다) 화학자 (라) < (마) 등수
(바) 꿀찌

⑤ 짝을 이루는 말 찾기
(가) 첫째 (나) ②
(다) 밥알 받아먹듯 (라) ①

⑥ 낱말 활용하기
(가) ③ (나) ① (다) ④ (라) ⑥
(마) 예 금방 낳은 달걀은 참 따뜻했다.

20회 정답

① 가로세로 낱말찾기

칭	필	기	도	구	흐
찬	현	관	후	풋	트
호	학	예	회	과	러
미	화	려	한	일	지
퇴	근	친	절	하	다

② 낱말뜻 알기
(가) 흐트러 (나) 풋과일
(다) 학예회 (라) 현관
(마) 호미 (바) 필기도구

③ 비슷한 말 반대말 알기
(가) 칭찬 (나) ↔ (다) =
(라) ↔

④ 큰 말 작은 말 알기
(가) > (나) 필기도구
(다) 연필 (라) < (마) 농기구
(바) 호미

⑤ 짝을 이루는 말 찾기
(가) 가래로 막는다. (나) ①
(다) 발린 소리 (라) ②

⑥ 낱말 활용하기
(가) ③ (나) ② (다) ④ (라) ⑥
(마) 예 입에 발린 소리는 더 이상 듣고 싶지 않다.

21회 정답

① 가로세로 낱말찾기

출	발	열	매	훗	날
투	합	과	차	실	달
명	★	미	씨	천	라
종	활	래	앗	재	지
이	용	도	착	남	다

② 낱말뜻 알기
(가) 합, 차 (나) 활용
(다) 훗날 (라) 투명
(마) 열매 (바) 씨앗

③ 비슷한 말 반대말 알기
(가) 도착 (나) = (다) ↔
(라) ↔

④ 큰 말 작은 말 알기
(가) < (나) 식물 (다) 열매
(라) > (마) 때 (바) 훗날

⑤ 짝을 이루는 말 찾기
(가) 오도 못한다. (나) ②
(다) 팥 심은 데 팥 난다.
(라) ①

⑥ 낱말 활용하기
(가) ③, ② (나) ① (다) ⑤ (라) ④ (마) 예 '콩 심은 데 콩 나고 팥 심은 데 팥 난다'는 말처럼 아빠와 나는 얼굴이 정말 닮았다.

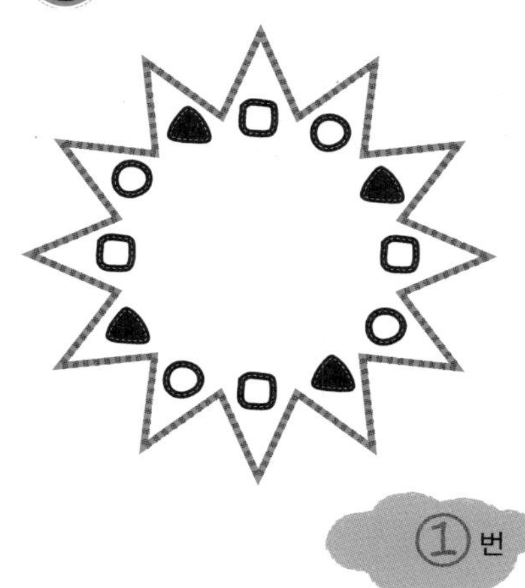

① 번

① 가로세로 낱말찾기

꼬	까	신	논	두	렁
콩	농	부	둑	낮	잠
닥	여	전	하	다	기
콩	길	꿀	밤	★	지
닥	섶	그	제	야	개

② 낱말뜻 알기

㉮ 길섶 ㉯ 꼬까
㉰ 여전 ㉱ 논두렁
㉲ 기지개 ㉳ 낮잠

③ 비슷한 말 반대말 알기

㉮ 꼬까신 ㉯ ↔ ㉰ =
㉱ ↔

④ 큰 말 작은 말 알기

㉮ > ㉯ 논 ㉰ 논두렁
㉱ > ㉲ 아이의 말
㉳ 꼬까신

⑤ 짝을 이루는 말 찾기

㉮ 구멍 뚫기 ㉯ ②
㉰ 자다. ㉱ ①

⑥ 낱말 활용하기

㉮ ② ㉯ ③ ㉰ ⑥, ⑤
㉱ ① ㉲ (예) 시험이 코 앞인데 공부는 안하고 낮잠만 자고 있네.

② 번

① 가로세로 낱말찾기

장	난	감	웃	지	각
애	주	위	어	퍼	즐
인	사	로	른	★	겁
정	위	★	조	르	다
돈	제	자	리	짜	증

② 낱말뜻 알기

㉮ 주위 ㉯ 조르
㉰ 제자리 ㉱ 장난감
㉲ 지퍼 ㉳ 주사위

③ 비슷한 말 반대말 알기

㉮ 웃어른 ㉯ = ㉰ ↔
㉱ =

④ 큰 말 작은 말 알기

㉮ < ㉯ 감정 ㉰ 짜증
㉱ < ㉲ 장난감 ㉳ 레고

⑤ 짝을 이루는 말 찾기

㉮ 뺨친다. ㉯ ①
㉰ 제자리에 선다. ㉱ ②

⑥ 낱말 활용하기

㉮ ③ ㉯ ⑥ ㉰ ① ㉱ ②
㉲ (예) 상미는 피아노 연주 실력이 어른 뺨친다.

④ 번

① 가로세로 낱말찾기

★	양	파	어	리	다
응	달	맛	이	★	루
지	이	알	갱	이	다
금	웃	차	나	중	★
자	라	다	★	풋	말

② 낱말뜻 알기

㉮ 양달 ㉯ 알차
㉰ 이웃 ㉱ 풋말 ㉲ 양파
㉳ 응달

③ 비슷한 말 반대말 알기

㉮ 응달 ㉯ ↔ ㉰ =
㉱ =

④ 큰 말 작은 말 알기

㉮ < ㉯ 때 ㉰ 지금
㉱ > ㉲ 햇볕 ㉳ 양달

⑤ 짝을 이루는 말 찾기

㉮ 음지가 양지 된다. ㉯ ①
㉰ 꺾지 않는다. ㉱ ②

⑥ 낱말 활용하기

㉮ ⑥ ㉯ ③ ㉰ ⑤ ㉱ ④
㉲ (예) 올 겨울에는 공부도, 운동도 열심히 하고 책도 많이 읽는 알찬 방학을 보낼 것이다.

❶

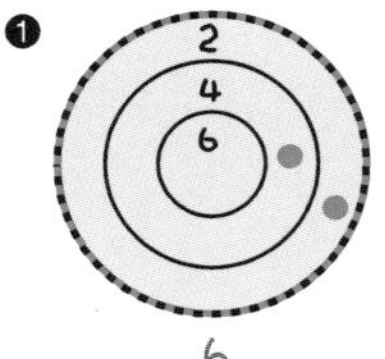

6

❷

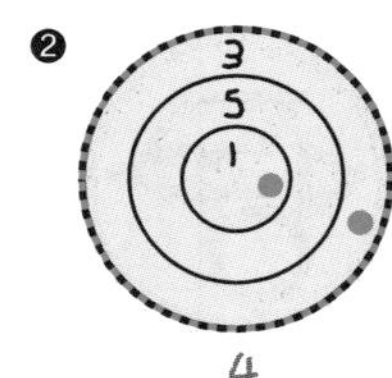

4

❸

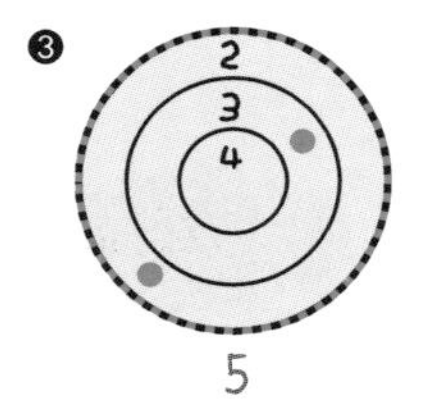

5

① 가로세로 낱말찾기

늦	돛	곤	★	덜	컥
게	단	하	등	잔	불
나	배	다	홍	치	다
마	동	화	구	연	동
낙	서	★	덥	석	상

② 낱말뜻 알기

㉮ 늦게나마 ㉯ 곤하
㉰ 구연 ㉱ 돛단
㉲ 낙서 ㉳ 동상

③ 비슷한 말 반대말 알기

㉮ 곤하다 ㉯ = ㉰ =
㉱ =

④ 큰 말 작은 말 알기

㉮ > ㉯ 배 ㉰ 돛단배
㉱ > ㉲ 동상
㉳ 이순신상

⑤ 짝을 이루는 말 찾기

㉮ 되게 친다. ㉯ ①
㉰ 돛단배 빠르다고 원망하듯 ㉱ ②

⑥ 낱말 활용하기

㉮ ② ㉯ ① ㉰ ⑤ ㉱ ⑥
㉲ 예 혼자 집에 있을 때 누군가 벨을 누르면 가슴이 덜컥 내려앉는다.

정답

① 가로세로 낱말찾기

방	앗	간	노	인	★
새	싹	술	랫	형	어
순	★	래	말	극	깨
꼬	리	잡	기	둥	동
모	종	기	닿	다	무

② 낱말뜻 알기

㉮ 모종 ㉯ 술래, 기
㉰ 방앗간 ㉱ 꼬리잡기
㉲ 어깨동무 ㉳ 기둥

③ 비슷한 말 반대말 알기

㉮ 새순 ㉯ ↔ ㉰ =
㉱ ↔

④ 큰 말 작은 말 알기

㉮ < ㉯ 방아
㉰ 물레방아 ㉱ < ㉲ 놀이
㉳ 꼬리잡기

⑤ 짝을 이루는 말 찾기

㉮ 닿다. ㉯ ②
㉰ 방앗간을 그냥 지나가랴.
㉱ ①

⑥ 낱말 활용하기

㉮ ③ ㉯ ① ㉰ ④ ㉱ ⑤
㉲ 예 유명한 선생님께 길이 닿아서 서예를 배울 수 있게 되었다.

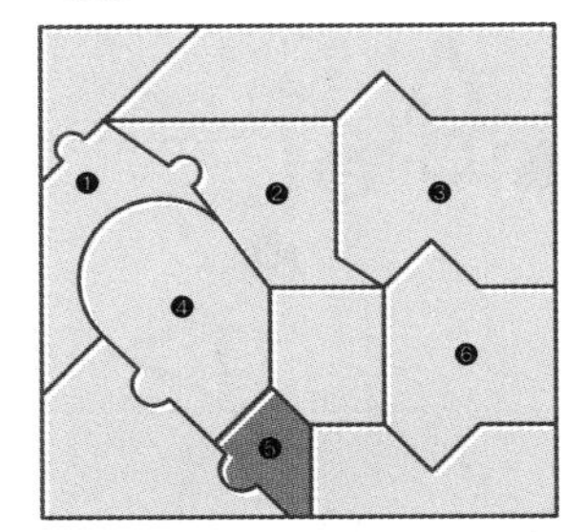

⑤번

정답

① 가로세로 낱말찾기

모	기	미	벼	룩	호
입	맛	처	★	사	수
바	방	바	닥	냥	★
다	불	평	발	걸	음
되	약	볕	목	적	지

② 낱말뜻 알기

㉮ 미처 ㉯ 되약볕
㉰ 불평 ㉱ 모기 ㉲ 호수
㉳ 사냥

③ 비슷한 말 반대말 알기

㉮ 입맛 ㉯ = ㉰ =
㉱ ↔

④ 큰 말 작은 말 알기

㉮ > ㉯ 해충 ㉰ 모기
㉱ > ㉲ 바다 ㉳ 태평양

⑤ 짝을 이루는 말 찾기

㉮ 낯짝이 있다. ㉯ ①
㉰ 같다. ㉱ ②

⑥ 낱말 활용하기

㉮ ② ㉯ ③ ㉰ ④ ㉱ ①
㉲ 예 내 물건을 망가뜨린 동생을 바다 같은 마음으로 용서해 주었다.

퍼즐

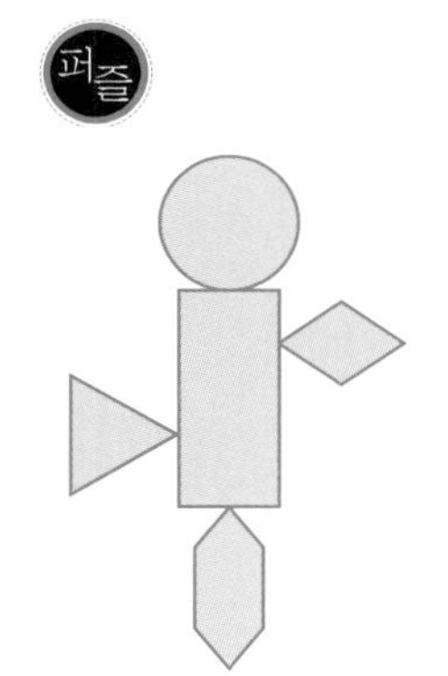

④번

정답

① 가로세로 낱말찾기

흠	걱	역	할	지	책
집	정	★	예	저	꽂
여	옥	감	의	분	이
태	수	자	습	하	걸
껏	수	채	우	다	레

② 낱말뜻 알기
가 흠집 나 여태껏
다 지저분 라 옥수수
마 꽂이 바 걸레

③ 비슷한 말 반대말 알기
가 걱정 나 ↔ 다 =
라 =

④ 큰 말 작은 말 알기
가 > 나 채소 다 감자
라 < 마 공부 바 자습

⑤ 짝을 이루는 말 찾기
가 사서 한다. 나 ②
다 바늘 찾기 라 ①

⑥ 낱말 활용하기
가 ③ 나 ① 다 ⑤ 라 ④
마 예 언니는 여태껏 방을 치우지 않고 있다.

퍼즐

②, ④번

정답

① 가로세로 낱말찾기

우	주	자	세	잿	빛
표	장	바	구	니	노
이	슬	영	양	가	력
튼	제	주	름	살	하
날	목	내	려	앉	다

② 낱말뜻 알기
가 자세 나 영양가
다 잿빛 라 우표
마 바구니 바 주름살

③ 비슷한 말 반대말 알기
가 자세 나 ↔ 다 =
라 =

④ 큰 말 작은 말 알기
가 < 나 빛깔
다 잿빛 라 < 마 자세
바 앉다

⑤ 짝을 이루는 말 찾기
가 내려앉다. 나 ①
다 하늘도 움직인다. 라 ②

⑥ 낱말 활용하기
가 ⑥ 나 ① 다 ② 라 ⑤
마 예 나를 보고 웃으시는 할머니의 주름살 사이로 사랑이 넘쳐 흐른다.

퍼즐

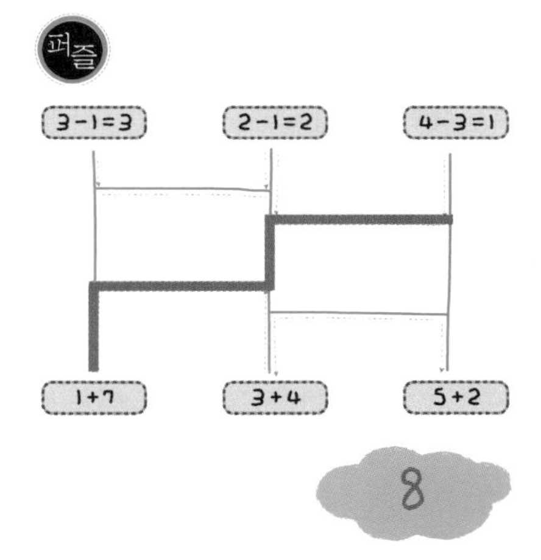

8

정답

① 가로세로 낱말찾기

지	게	합	창	단	허
구	양	념	소	★	겁
청	진	기	식	혜	지
직	토	한	참	택	겁
장	종	창	피	하	다

② 낱말뜻 알기
가 토종 나 혜택 다 양념
라 청진기 마 합창단
바 지게

③ 비슷한 말 반대말 알기
가 양념 나 = 다 ↔
라 ↔

④ 큰 말 작은 말 알기
가 > 나 소식 다 전화
라 < 마 양념 바 소금

⑤ 짝을 이루는 말 찾기
가 희소식 나 ①
다 소금이 곰팡이 난다.
라 ②

⑥ 낱말 활용하기
가 ③ 나 ⑤ 다 ① 라 ②
마 예 내가 좋아하는 미림이 앞에서 넘어지다니 창피해서 어쩔 줄 모르겠다.